Vokabelheft

Ausgabe **B**

C.C.BUCHNER

Campus

Vokabelheft. Ausgabe B

Herausgegeben von Christian Zitzl, Clement Utz,
Andrea Kammerer und Reinhard Heydenreich.

1. Aufl. 1 4 3 2 2016 15 14
Die letzte Zahl bedeutet das Jahr dieses Druckes.
Alle Drucke dieser Auflage sind, weil untereinander unverändert,
nebeneinander benutzbar.

Dieses Werk folgt der reformierten Rechtschreibung und Zeichensetzung.
Ausnahmen bilden Texte, bei denen künstlerische, philologische oder
lizenzrechtliche Gründe einer Änderung entgegenstehen.

© 2011 C.C.Buchner Verlag, Bamberg
Das Werk und seine Teile sind urheberrechtlich geschützt. Jede Nutzung
in anderen als den gesetzlich zugelassenen Fällen bedarf der vorherigen
schriftlichen Einwilligung des Verlages. Das gilt insbesondere auch für
Vervielfältigungen, Übersetzungen und Mikroverfilmungen. Hinweis zu § 52 a
UrhG: Weder das Werk noch seine Teile dürfen ohne eine solche Einwilligung
eingescannt und in ein Netzwerk eingestellt werden. Dies gilt auch für
Intranets von Schulen und sonstigen Bildungseinrichtungen.

Lektorat: Bernd Weber
Gesamtherstellung: creo Druck & Medienservice GmbH, Bamberg

www.ccbuchner.de

ISBN 978-3-7661-**7805**-3

Liebe Schülerinnen und Schüler!

Dieses Vokabelheft soll euch dabei helfen, den lateinischen Wortschatz von *Campus* zu lernen und zu wiederholen. Es enthält lektionsweise die gleichen Wörter und Wendungen wie euer Lateinbuch, allerdings in anderer Anordnung.

Die Vokabeln sind nach Wortarten und – wo dies möglich ist – nach Deklinations- bzw. Konjugationsklassen gegliedert. Ihr findet also zuerst die Substantive, Adjektive und Pronomina, dann die Verben, schließlich Adverbien, Konjunktionen, Subjunktionen usw. Wendungen und Namen sind jeweils am Ende aufgeführt. Durch diese lernfreundliche Anordnung (vgl. Umschlaginnenseite) könnt ihr euch die „grammatischen Eigenschaften" der Vokabeln besser einprägen und die sprachliche Einordnung wird euch bewusst.

Wie ihr wisst, ist die Kenntnis der Wörter die wichtigste Voraussetzung für das Erlernen einer Sprache, besonders für das Übersetzen. Deshalb haben wir für das *Campus*-Vokabelheft ein bequemes „Hosentaschenformat" gewählt. So könnt ihr den Wortschatz immer und überall wiederholen – denn:
Repetitio est mater studiorum!

Ein paar Tipps:

1. Lernt jeden Wortschatz immer gleich, wenn ihr ihn im Unterricht behandelt habt, ganz genau und merkt euch immer alle deutschen Bedeutungen.

2. Prägt euch die Wörter nicht nur über die Augen ein, sondern sprecht sie auch laut, damit ihr sie über die Ohren aufnehmt! Vokabeln, die ihr euch schwer merken könnt, solltet ihr auch schreiben.

3. Wiederholt jeden Wortschatz möglichst noch in derselben Woche, in der ihr ihn gelernt habt, ein erstes Mal.

4. Wiederholt dann in regelmäßigen Abständen weiter zurückliegende Wortschätze nach einem festen Plan! Erst wenn ihr ein Wort auch bei der fünften Wiederholung noch beherrscht, könnt ihr euch sicher sein, dass es gut im Gedächtnis verankert ist.

5. Nutzt Hilfen zum Lernen und Wiederholen: Fragt euch gegenseitig ab, sprecht die Vokabeln auf Kassette, schreibt sie auf Karteikarten oder arbeitet mit einem digitalen Wortschatz-Programm.

Da oft gerade die Stammformen der Verben Schwierigkeiten bereiten, sind diese in einem Anhang zum Nachschlagen und zum Wiederholen zusammengestellt. Ihr findet dort diejenigen Verben aus *Campus*, deren Stammformen „unregelmäßig" und schwierig erscheinen.

1

puella	Mädchen, Freundin
serva	Sklavin, Dienerin
silva	Wald
via	Weg, Straße
vīlla	Haus, Landhaus
avus	Großvater
campus	Feld, freier Platz
equus	Pferd
mūrus	Mauer
servus	Sklave
vīcus	Dorf, Gasse
et	und, auch

2

oculus	Auge
dēbēre	müssen, sollen
dolēre	schmerzen, wehtun
monēre	mahnen, ermahnen
pārēre	gehorchen
rīdēre	lachen, auslachen

tacēre	schweigen, verschweigen
timēre	fürchten, Angst haben
esse	sein, sich befinden
est	er (sie, es) ist
sunt	sie sind
nōn	nicht
nunc	nun, jetzt
cūr?	warum?
quid?	was?

3

lingua	Sprache, Rede
dominus	Herr
augēre	vergrößern, vermehren
respondēre	antworten
sedēre	sitzen
terrēre	erschrecken
hīc	hier
ibī	dort
quis?	wer?

nam	denn, nämlich
sed	aber, sondern
neque	und nicht, auch nicht
neque … neque	weder … noch

4

| tabula | (Schreib-)Tafel, Gemälde |
| amīcus | Freund |

docēre, doceō	lehren, unterrichten
gaudēre, gaudeō	sich freuen
praebēre, praebeō	geben, hinhalten
studēre, studeō	sich bemühen, studieren
tenēre, teneō	halten, festhalten, besitzen

iam	schon, bereits; nun
nōn iam	nicht mehr
numquam	niemals
prīmō	zuerst
rēctē	richtig, zu Recht
saepe	oft
tum	da, dann, darauf, damals

5

gladius	Schwert
scelerātus	Verbrecher
sonus	Ton, Klang, Geräusch
flēre, fleō	weinen, beweinen
latēre, lateō	verborgen sein
placēre, placeō	gefallen
torquēre, torqueō	drehen; quälen
iterum	wiederum, zum zweiten Mal
statim	sofort
subitō	plötzlich
tantum (*nachgestellt*)	nur
cui?	wem?
etiam	auch, sogar
itaque	deshalb

6

aqua	Wasser
cōpia	Menge, Vorrat
grātia	Dank
cibus	Nahrung, Speise, Futter

deus	Gott, Gottheit
populus	Volk
ventus	Wind
complēre, compleō	anfüllen, auffüllen
dēlēre, dēleō	zerstören, vernichten
habēre, habeō	haben, halten
adhūc	bis jetzt, noch
profectō	sicherlich, tatsächlich
semper	immer
grātiam habēre	danken
Aeolus	Äolus (*Herr über die Winde*)

7

amīca	Freundin
īnsula	Insel; Wohnblock
lacrima	Träne
laetitia	Freude
turba	(Menschen-)Menge
movēre, moveō	bewegen, beeindrucken
patēre, pateō	offenstehen

valēre, valeō	gesund sein, stark sein, Einfluss haben
vidēre, videō	sehen
mox	bald
tandem	endlich
valē! valēte!	Leb wohl! Lebt wohl!
Rōma	Rom

8

cēna	Mahlzeit, Essen
domina	Herrin, Dame
filia	Tochter
mēnsa	(Ess-)Tisch
amāre, amō	lieben
dēlectāre, dēlectō	erfreuen, unterhalten
intrāre, intrō	betreten, eintreten
labōrāre, labōrō	arbeiten, sich anstrengen
ōrnāre, ōrnō	ausstatten, schmücken
parāre, parō	(vor)bereiten, vorhaben (*m. Inf.*); erwerben
properāre, properō	eilen, sich beeilen
rogāre, rogō	bitten, fragen

vocāre, vocō	nennen, benennen, rufen
sīc	so

9

familia	Familie
patria	Heimat
prōvincia	Provinz
pūgna	Kampf
iniūria	Unrecht, Beleidigung
captīvus	Kriegsgefangener
dolus	List, Täuschung
fīlius	Sohn
cēnāre, cēnō	essen
dubitāre, dubitō	zweifeln; zögern (*m. Inf.*)
pūgnāre, pūgnō	kämpfen
spectāre, spectō	betrachten, anschauen, hinsehen
superāre, superō	besiegen, überwinden, übertreffen
bene	gut
diū	lange (Zeit)
unde?	woher?

Āfrica	Afrika
Asia	Asien
Eurōpa	Europa (*Erdteil*)
Rōmānus	Römer, Einwohner Roms
Syria	Syrien

10

luxuria	Luxus, Genusssucht
modestia	Anstand, Bescheidenheit
cavus	Höhle
thēsaurus	Schatz
appropinquāre, appropinquō	sich nähern
invītāre, invītō	einladen
recūsāre, recūsō	zurückweisen, ablehnen
vigilāre, vigilō	wachen; unermüdlich tätig sein
cottīdiē	täglich
noctū	nachts

11

lūdus	Spiel; Schule
nihil	nichts
dēsīderāre, dēsīderō	sich sehnen nach, vermissen
exspectāre, exspectō	warten (auf), erwarten
habitāre, habitō	wohnen, bewohnen
audīre, audiō	hören
nescīre, nesciō	nicht wissen, nicht kennen, nicht verstehen
scīre, sciō	wissen, kennen, verstehen
venīre, veniō	kommen
ubī?	wo?
Aetna	Ätna (*Vulkan auf Sizilien*)
Crēta	Kreta (*Insel im Mittelmeer*)
Sicilia	Sizilien (*Insel im Mittelmeer*)
Vulcānus	Vulkan(us) (*Gott des Feuers*)

12

cūria	Kurie (*Sitzungsgebäude des Senats*)
dea	Göttin

porta	Tor
discipulus	Schüler
aedificium	Gebäude
beneficium	Wohltat
cōnsilium	Beratung, Beschluss, Plan, Rat
dōnum	Geschenk
forum	Forum, Marktplatz
frūmentum	Getreide
ingenium	Begabung, Talent, Verstand
templum	Tempel
verbum	Wort, Äußerung
aedificāre, aedificō	bauen
libenter	gerne
Concordia	Concordia (*Göttin der Eintracht*)
Sāturnus	Saturn (*Gott der Saat und der Zeit*)

13

basilica	Markthalle, Gerichtshalle
umbra	Schatten
ōrnāmentum	Schmuck(stück)
pretium	Preis, Wert

indicāre, indicō	anzeigen, melden
probāre, probō	prüfen, beweisen, für gut befinden
manēre, maneō	bleiben, (er)warten
ad *m. Akk.*	zu, bei, nach, an
ante *m. Akk.*	vor
in *m. Akk.*	in (... hinein), nach (*wohin?*)
post *m. Akk.*	hinter, nach
cum *m. Abl.*	mit, zusammen mit
ē / ex *m. Abl.*	aus, von ... her
in *m. Abl.*	in, an, auf, bei (*wo?*)
sine *m. Abl.*	ohne

14

ego *Nom.*	ich (*betont*)
mihi *Dat.*	mir
mē *Akk.*	mich
mēcum	mit mir
sine mē	ohne mich
tū *Nom.*	du (*betont*)
tibi *Dat.*	dir
tē *Akk.*	dich

tēcum	mit dir
nōs *Nom.*	wir (*betont*)
nōbīs *Dat.*	uns
nōs *Akk.*	uns
nōbīscum	mit uns
vōs *Nom.*	ihr (*betont*)
vōbīs *Dat.*	euch
vōs *Akk.*	euch
vōbīscum	mit euch
clāmāre, clāmō	laut rufen, schreien
errāre, errō	umherirren, (sich) irren
invenīre, inveniō	finden, erfinden
-ne	*Partikel im dir. Fragesatz (unübersetzt)*

15

imperium	Befehl, Herrschaft, Reich
bonus, a, um	gut, tüchtig
cūnctī, ae, a	alle (zusammen)
magnus, a, um	groß, bedeutend
multus, a, um	viel
multī, ae, a	viele

novus, a, um	neu, ungewöhnlich
parvus, a, um	klein, gering
Rōmānus, a, um	römisch; *Subst.* Römer
meus, a, um	mein
tuus, a, um	dein
laudāre, laudō	loben
narrāre, narrō	erzählen
ut	wie
-que (*angehängt*)	und
dē *m. Abl.*	von, von … her, von … weg, von … herab; über

16

vīta	Leben
ager, agrī *m*	Acker, Feld, Gebiet
magister, magistrī *m*	Lehrer, Meister
puer, puerī *m*	Junge
vir, virī *m*	Mann
līber, libera, līberum	frei
miser, misera, miserum	arm, erbärmlich, unglücklich
niger, nigra, nigrum	schwarz, dunkel

pulcher, pulchra, pulchrum	schön
noster, nostra, nostrum	unser
vester, vestra, vestrum	euer
imperāre, imperō	befehlen, herrschen (über)

17

vīnea	Weinberg, Weinstock
carrus	Wagen, Karren
nūntius	Bote, Nachricht
oppidum	Stadt (Kleinstadt)
stāre, stō	stehen
dīcere, dīcō	sagen, sprechen
dūcere, dūcō	führen, ziehen
mittere, mittō	(los)lassen, schicken, werfen
ostendere, ostendō	zeigen, erklären
relinquere, relinquō	verlassen, zurücklassen
scrībere, scrībō	schreiben, beschreiben
trahere, trahō	schleppen, ziehen
ā / ab m. Abl.	von, von ... her
per m. Akk.	durch, hindurch

Campānia	Kampanien (*fruchtbare Landschaft südlich von Rom*)
Vesuvius	Vesuv (*Vulkan in Kampanien*)

18

auxilium	Hilfe
vīnum	Wein
mortuus, a, um	gestorben, tot
plēnus, a, um	voll
portāre, portō	bringen, tragen
addūcere, addūcō	heranführen, veranlassen
dēdūcere, dēdūcō	wegführen, hinführen
ēdūcere, ēdūcō	herausführen
bibere, bibō	trinken
cōnsistere, cōnsistō	stehen bleiben, haltmachen, sich aufstellen
adesse, adsum	da sein, helfen
dēesse, dēsum	abwesend sein, fehlen
posse, possum	können

19

sacrum	Opfer, Heiligtum
summus, a, um	der höchste, oberste
dēscendere, dēscendō	herabsteigen
aspicere, aspiciō	erblicken, ansehen
capere, capiō	fassen, nehmen, erobern
facere, faciō	machen, tun, handeln
magis	mehr
quam	als, wie
nōnne?	(etwa) nicht?
quīn?	warum nicht?
autem (*nachgestellt*)	aber, andererseits
magis … quam	mehr … als
sacrum facere	ein Opfer bringen, opfern

20

cella	Kammer
mundus	Welt
ātrium	Atrium (*Eingangshalle*)
bal(i)neum	Bad

cubiculum	Schlafzimmer, Zimmer
magnificus, a, um	großartig, prächtig
cūstōdīre, cūstōdiō	bewachen, im Auge behalten
alibī	anderswo
ideō	deshalb

21

honor, honōris *m*	Ehre, Ehrenamt
imperātor, imperātōris *m*	Befehlshaber, Feldherr, Kaiser
mercātor, mercātōris *m*	Kaufmann, Händler
senātor, senātōris *m*	Senator
uxor, uxōris *f*	Ehefrau
clārus, a, um	klar, hell, berühmt
tantus, a, um	so groß, so viel
creāre, creō	erschaffen, wählen
licet	es ist erlaubt, es ist möglich
petere, petō	aufsuchen, (er)streben, bitten, verlangen
vēndere, vēndō	verkaufen
hodiē	heute

apud *m. Akk.*	bei
in honōre esse	in Ehren stehen, angesehen sein
Pompēiānus, a, um	pompejanisch; *Subst.* Pompejaner, Einwohner von Pompeji
Titus	Titus (*röm. Kaiser 79–81 n. Chr.*)

22

pecūnia	Geld, Vermögen
animus	Geist, Mut, Gesinnung
amor, amōris *m*	Liebe
clāmor, clāmōris *m*	Geschrei, Lärm
soror, sorōris *f*	Schwester
fūr, fūris *m*	Dieb
mulier, mulieris *f*	Frau
sē *Akk. / Abl.*	sich
līberāre, līberō	befreien, freilassen
velle, volō	wollen
dum	während, solange, bis
quamquam	obwohl

quia	weil
quod	weil; dass
sī	wenn, falls
in animō habēre	im Sinn haben, vorhaben

23

cīvitās, cīvitātis *f*	Gemeinde, Staat
lībertās, lībertātis *f*	Freiheit
potestās, potestātis *f*	(Amts-)Gewalt, Macht
voluntās, voluntātis *f*	Wille, Absicht
servitūs, servitūtis *f*	Sklaverei
frāter, frātris *m*	Bruder
māter, mātris *f*	Mutter
pater, patris *m*	Vater
cārus, a, um	lieb, teuer, wertvoll
salūtāre, salūtō	(be)grüßen
herī	gestern
tam	so
salvē! salvēte!	sei gegrüßt! seid gegrüßt!
tam … quam	so … wie

Caesar, Caesaris *m*	Cäsar; Kaiser
Vespasiānus	Vespasian *(röm. Kaiser 69–79 n. Chr.)*

24

bēstia	(wildes) Tier
terra	Erde, Land
caelum	Himmel
antīquus, a, um	alt, altertümlich
cēterī, ae, a	die übrigen
varius, a, um	bunt, verschieden, vielfältig
dare, dō	geben
exīstimāre, exīstimō	meinen, einschätzen
nūntiāre, nūntiō	melden
servāre, servō	bewahren, retten; beobachten
sōlum	nur
Diāna	Diana *(Göttin der Jagd)*
Iuppiter, Iovis *m*	Jupiter *(höchster Gott der Römer)*
Mercurius	Merkur *(der Götterbote)*

Minerva	Minerva (*Göttin der Weisheit*)
Neptūnus	Neptun (*Gott des Meeres*)

25

annus	Jahr
amphitheātrum	Amphitheater
negōtium	Aufgabe, Geschäft; Angelegenheit
dolor, dolōris *m*	Schmerz
gladiātor, gladiātōris *m*	Gladiator
victor, victōris *m*	Sieger
virtūs, virtūtis *f*	Tapferkeit, Tüchtigkeit, Leistung
mors, mortis *f* (*Gen. Pl.* -ium)	Tod
pars, partis *f* (*Gen. Pl.* -ium)	Teil, Seite
urbs, urbis *f* (*Gen. Pl.* -ium)	Stadt; die Stadt Rom
exercēre, exerceō	üben, trainieren; quälen
interficere, interficiō	töten, vernichten
vel	oder

propter *m. Akk.*	wegen

26

hōra	Stunde
homō, hominis *m*	Mensch
leō, leōnis *m*	Löwe
magnitūdō, magnitūdinis *f*	Größe
multitūdō, multitūdinis *f*	große Zahl, Menge
nātiō, nātiōnis *f*	Volk, Volksstamm
regiō, regiōnis *f*	Gebiet, Gegend, Richtung
sōl, sōlis *m*	Sonne
fōns, fontis *m* (*Gen. Pl.* -ium)	Quelle, Ursprung
mōns, montis *m* (*Gen. Pl.* -ium)	Berg

āmittere, āmittō	aufgeben, verlieren
surgere, surgō	aufrichten; sich erheben, aufstehen

nisī	wenn nicht

27

mōnstrum	Ungeheuer
perīculum	Gefahr
malus, a, um	schlecht, schlimm
mīrus, a, um	erstaunlich, sonderbar
cūrāre, cūrō	pflegen, sorgen für
anteā	vorher, früher
prīmum	erstens, zuerst, zum ersten Mal
an (*im dir. Fragesatz*)	oder (etwa)
sub *m. Abl.*	unter (*wo?*)
sub *m. Akk.*	unter (*wohin?*)

28

fuga	Flucht
tēctum	Dach; Haus
salūs, salūtis *f*	Gesundheit, Rettung, Gruß, Glück
timor, timōris *m*	Angst, Furcht
lūx, lūcis *f*	Licht, Tageslicht
vōx, vōcis *f*	Stimme, Äußerung, Laut

nox, noctis *f* (*Gen. Pl.* -ium)	Nacht
altus, a, um	hoch, tief
complēre, compleō, complēvī	anfüllen, auffüllen
dēlēre, dēleō, dēlēvī	zerstören, vernichten
flēre, fleō, flēvī	weinen, beweinen
esse, sum, fuī	sein, sich befinden
posse, possum, potuī	können
velle, volō, voluī	wollen
nōndum	noch nicht
cum *m. Ind.*	als (plötzlich); (immer) wenn
dī! *Vok.*	(oh) Götter!
magnā vōce	mit lauter Stimme

29

reliquiae, reliquiārum *f Pl.*	Überbleibsel, Überrest, Ruine
tenebrae, tenebrārum *f Pl.*	Dunkelheit, Finsternis
līberī, līberōrum *m Pl.*	Kinder
arma, armōrum *n Pl.*	Gerät, Waffen

castra, castrōrum *n Pl.*	Lager
is, ea, id	dieser, diese, dieses; er, sie, es
temptāre, temptō	angreifen; prüfen, versuchen
iacēre, iaceō	liegen
cadere, cadō	fallen
dīc!	sag! sprich!
dūc!	führe!
fac!	tu! mach! handle!
posteā	nachher, später
Pompēī, Pompēiōrum *m Pl.*	Pompeji (*Stadt in Mittelitalien*)

30

columna	Säule
avunculus	Onkel
spectāculum	Schauspiel
triclīnium	Esszimmer, Triklinium
observāre, observō	beobachten
fugā salūtem petere	in der Flucht die Rettung suchen, die Flucht ergreifen

31

ōra	Küste
statua	Statue
monumentum	Denkmal
studium	Beschäftigung, Engagement, Interesse
dare, dō, **dedī**	geben
stāre, stō, **stetī**	stehen
praestāre, praestō, **praestitī**	*m. Akk.* gewähren, leisten, zeigen
augēre, augeō, **auxī**	vergrößern, vermehren
manēre, maneō, **mānsī**	bleiben, (er)warten
rīdēre, rīdeō, **rīsī**	lachen, auslachen
torquēre, torqueō, **torsī**	drehen; quälen
respondēre, respondeō, **respondī**	antworten
sentīre, sentiō, sēnsī	fühlen, meinen, wahrnehmen
aspicere, aspiciō, **aspexī**	erblicken, ansehen
dīcere, dīcō, **dīxī**	sagen, sprechen
dūcere, dūcō, **dūxī**	führen, ziehen
mittere, mittō, **mīsī**	(los)lassen, schicken, werfen
āmittere, āmittō, **āmīsī**	aufgeben, verlieren
scrībere, scrībō, **scrīpsī**	schreiben, beschreiben

trahere, trahō, **trāxī**	schleppen, ziehen
cadere, cadō, **cecidī**	fallen
occidere, occidō, occidī	(zu Boden) fallen, umkommen, untergehen
enim (*nachgestellt*)	nämlich
etsī	auch wenn, obwohl
ecce	Schau! Sieh da! Schaut! Seht da!
Herculēs, Herculis *m*	Herkules (*berühmtester Held der griechischen Sagenwelt*)

32

fābula	Erzählung, Geschichte, Theaterstück
fluvius	Fluss
factum	Handlung, Tat, Tatsache
rēx, rēgis *m*	König
movēre, moveō, **mōvī**	bewegen, beeindrucken
sedēre, sedeō, **sēdī**	sitzen
vidēre, videō, **vīdī**	sehen
venīre, veniō, **vēnī**	kommen

invenīre, inveniō, **invēnī**	finden, erfinden
agere, agō, ēgī	handeln, treiben, verhandeln
comprehendere, comprehendō, comprehendī	begreifen, ergreifen, festnehmen
dēscendere, dēscendō, **dēscendī**	herabsteigen
relinquere, relinquō, **relīquī**	verlassen, zurücklassen
vertere, vertō, vertī	drehen, wenden
vincere, vincō, vīcī	(be)siegen, übertreffen
capere, capiō, **cēpī**	fassen, nehmen; erobern
facere, faciō, **fēcī**	machen, tun, handeln
interficere, interficiō, **interfēcī**	töten, vernichten

6

ita	so
vix	kaum, (nur) mit Mühe

12

cōnsilium capere	einen Plan (Entschluss) fassen

13

Augiās, Augiae *m*	Augias (*mythischer König, dessen Stall Herkules ausmistete*)

33

officium	Dienst, Pflicht(gefühl)	1
labor, labōris *m*	Arbeit, Anstrengung	
		2
līber, lībera,	frei von	
līberum (ā) *m. Abl.*		
		4
prīmus, a, um	der erste	
		5
labōrāre *m. Abl.*	leiden an,	
	in Not / Sorge sein wegen	
servāre ā *m. Abl.*	bewahren vor, retten vor	
carēre, careō *m. Abl.*	frei sein von, ohne (etw.) sein,	
	nicht haben	
dolēre *m. Abl.*	traurig sein über	
gaudēre *m. Abl.*	sich freuen über	
prohibēre,	abhalten (von), hindern (an)	
prohibeō (ā *m. Abl.*)		
ostendere, ostendō,	zeigen, erklären	
ostendī		
		8
tamen	dennoch, jedoch	
		12
eā hōrā	in dieser Stunde	
eō annō	in diesem Jahr	
nocte	nachts	
paulō post	(ein) wenig später	

33

prīmā lūce	bei Tagesanbruch
Cerberus	Zerberus (*der dreiköpfige Höllenhund*)
Eurystheus *m*	Eurystheus (*mythischer König von Mykene*)
Plūtō, Plūtōnis *m*	Pluto (*Gott der Unterwelt*)

34

bellum	Krieg
alius, alia, aliud	ein anderer
honestus, a, um	ehrenhaft, angesehen
cōnstat *m. AcI*	es ist bekannt, es steht fest
putāre, putō	glauben, meinen
animadvertere, animadvertō, animadvertī *m. AcI / Akk.*	bemerken
cēdere, cēdō, cessī	gehen, nachgeben, weichen
cōnsistere, cōnsistō, cōnstitī	stehenbleiben, haltmachen, sich aufstellen
petere, petō, petīvī	aufsuchen, (er)streben, bitten, verlangen
certē / certō	gewiss, sicherlich

paulātim	allmählich
Graecī, ōrum *m Pl.*	die Griechen
Lāocoōn, Lāocoontis *m*	Laokoon (*trojanischer Priester*)
Trōiānus, a, um	trojanisch; *Subst.* Trojaner (*Einwohner von Troja*)

35

marītus	Ehemann
cīvis, cīvis *m* (*Gen. Pl.* -ium)	Bürger
fīnis, fīnis *m* (*Gen. Pl.* -ium)	Ende, Grenze, Ziel, Zweck; *Pl.* Gebiet
sēcum	mit sich, bei sich
sibi *Dat.*	sich
suus, a, um	sein, ihr
cōgitāre, cōgitō	denken, beabsichtigen
oportet *m. AcI*	es gehört sich, es ist nötig
convenīre, conveniō, convēnī	zusammenkommen, zusammenpassen, besuchen
quaerere, quaerō, quaesīvī	erwerben wollen, suchen, fragen
vīvere, vīvō, vīxī	leben

Aenēās, Aenēae *m*	Äneas (*Trojaner und Stammvater der Römer*)
Carthāgō, Carthāginis *f*	Karthago (*Stadt in Nordafrika*)
Dīdō, Dīdōnis *f*	Dido (*die Gründerin und Königin Karthagos*)

36

audācia	Frechheit, Kühnheit
venia	Gefallen; Nachsicht, Verzeihung
ferrum	Eisen; Waffe
dēmōnstrāre, dēmōnstrō	beweisen, darlegen
dēspērāre, dēspērō	die Hoffnung aufgeben, verzweifeln
dōnāre, dōnō	schenken
spērāre, spērō	erwarten, hoffen
violāre, violō	verwunden, verletzen, entehren
mūnīre, mūniō	bauen, befestigen, schützen
caedere, caedō, cecīdī	fällen, töten
occīdere, occīdō, occīdī	niederschlagen, töten
surgere, surgō, surrēxī	aufrichten; sich erheben, aufstehen

		6
quidem	freilich, gewiss, wenigstens, zwar	
		10
circum *m. Akk.*	rings um, um … herum	
		12
dē salūte dēspērāre	die Hoffnung auf Rettung aufgeben	
		13
Italia	Italien	
Latīnī, Latīnōrum *m Pl.*	die Latiner (*Volksstamm in Italien*)	
Latīnus	Latinus (*König der Latiner*)	
Turnus	Turnus (*Anführer der Rutuler, Gegner des Äneas*)	

37

		1
sīgnum	Merkmal, Zeichen; Statue	
comes, comitis *m/f*	Begleiter(in), Gefährte, Gefährtin	
iuvenis, iuvenis *m*	junger Mann; *Adj.* jung	
mīles, mīlitis *m*	Soldat	
		2
ācer, ācris, ācre	energisch, heftig, scharf	
celer, celeris, celere	schnell	

bibere, bibō, **bibī**	trinken	
pellere, pellō, pepulī	stoßen, schlagen, (ver)treiben	
repellere, repellō, reppulī	zurückstoßen, abweisen, vertreiben	
tamquam	wie	
tamquam	wie wenn, als ob	
Faustulus	Faustulus (*Hirte, der Romulus und Remus entdeckte*)	
Rōmulus / Remus	Romulus / Remus (*Zwillingsbrüder und sagenhafte Gründer Roms*)	

38

locus	Ort, Platz, Stelle
crūdēlis, e	grausam
dulcis, e	angenehm, süß
fortis, e	kräftig, tapfer
omnis, e	jeder, ganz; *Pl.* alle
trīstis, e	traurig, unfreundlich
turpis, e	unanständig, hässlich, schändlich

ūnus, a, um	einer, ein einziger
accūsāre, accūsō	anklagen, beschuldigen
dēfendere, dēfendō, dēfendī (ā *m. Abl.*)	abwehren, verteidigen (vor / gegen)
postquam *m. Ind.*	nachdem, als
ūnus ē / ex *m. Abl.*	einer von
Amūlius	Amulius (*König von Alba, Bruder des Numitor*)
Numitor, Numitōris *m*	Numitor (*König von Alba, Großvater von Romulus und Remus*)

39

nātūra	Natur, Wesen, Beschaffenheit
idōneus, a, um	geeignet, passend
opportūnus, a, um	geeignet, günstig
quī, quae, quod	welcher, welche, welches; der, die, das
sex *indekl.*	sechs

condere, condō, condidī	verwahren, verbergen; erbauen, gründen
contendere, contendō, contendī	anstrengen, kämpfen; eilen; sich behaupten
dēligere, dēligō, dēlēgī	(aus)wählen
accipere, accipiō, accēpī	erhalten, erfahren, annehmen

maximē	am meisten, besonders
multum	sehr, viel

multum valēre	großen Einfluss haben

Aventīnus	der Aventin (*am Tiber gelegener Hügel Roms*)
Līvius	Titus Livius (*röm. Geschichtsschreiber*)
Palātium	der Palatin (*einer der sieben Hügel Roms*)

40

fortūna	Schicksal, Glück
glōria	Ruhm, Ehre
hostis, hostis *m* (*Gen. Pl.* -ium)	Feind (Landesfeind)

tūtus, a, um	sicher
commūnis, e	gemeinsam, allgemein
inānis, e	leer, wertlos
occupāre, occupō	besetzen, einnehmen
arcessere, arcessō, arcessīvī	herbeirufen, holen
crēdere, crēdō, crēdidī	glauben, anvertrauen
quemadmodum	auf welche Weise, wie
et … et	sowohl … als auch

41

cūra	Pflege, Sorge
aestās, aestātis *f*	Sommer
mōs, mōris *m*	Sitte, Brauch; *Pl.* Charakter
beātus, a, um	glücklich, reich
cōnfirmāre, cōnfirmō	bekräftigen, ermutigen, stärken
aperīre, aperiō, aperuī	aufdecken, öffnen
omittere, omittō, omīsī	aufgeben, beiseite lassen
quandō	wann
vītam agere	ein Leben führen, leben

Hersilia	Hersilia (*die sabinische Ehefrau des Romulus*)
Sabīnus, a, um	sabinisch; *Subst.* Sabiner (*in der Nähe Roms lebender Volksstamm*)

42

cōpia	Menge, Vorrat, Möglichkeit; *Pl.* Truppen
praemium	Belohnung, Lohn
aureus, a, um	golden, aus Gold
stultus, a, um	dumm
appetere, appetō, appetīvī	erstreben, haben wollen; angreifen
concēdere, concēdō, concessī	erlauben, nachgeben, zugestehen
gerere, gerō, gessī	ausführen, führen, tragen
resistere, resistō, restitī	stehen bleiben; Widerstand leisten
ergō	also, deshalb
bellum gerere	Krieg führen

Capitōlium	das Kapitol (*bedeutendster der sieben Hügel Roms*)
Spurius Tarpēius	Spurius Tarpeius (*röm. Befehlshaber*)
Tarpēia	Tarpeia (*Tochter des Spurius Tarpeius*)
Tatius	Tatius (*König der Sabiner*)

43

gemitus, gemitūs *m*	Seufzen, Traurigkeit
manus, manūs *f*	Hand; Schar (*von Bewaffneten*)
metus, metūs *m*	Angst
portus, portūs *m*	Hafen
vultus, vultūs *m*	Gesicht, Gesichtsausdruck; *Pl.* Gesichtszüge
laetus, a, um	froh; fruchtbar
superbus, a, um	stolz, überheblich
tālis, e	derartig, ein solcher, so (beschaffen)
pertinēre, pertineō ad *m. Akk.*	betreffen, gehören (zu), sich erstrecken (bis)

igitur	also, folglich
Brūtus	Lucius Junius Brutus (*Befreier Roms*)
Tarquinius Superbus	Tarquinius Superbus (*etruskischer König von Rom*)

44

causa	Sache, Ursache, Grund; Prozess
diēs, diēī *m*	Tag
perniciēs, perniciēī *f*	Verderben, Vernichtung
rēs, reī *f*	Angelegenheit, Ding, Sache
spēs, speī *f*	Erwartung, Hoffnung
medius, a, um	der mittlere, in der Mitte (von)
rēs adversae *f Pl.*	Unglück
rēs futūrae *f Pl.*	Zukunft
rēs pūblica *f*	Staat
rēs secundae *f Pl.*	Glück
mediā in turbā	mitten in der Menge
Lucrētia	Lukretia (*Heldin der röm. Frühgeschichte*)

45

īre, eō, iī, itum	gehen
abīre, abeō, abiī	weggehen
adīre, adeō, adiī (*m. Akk.*)	herantreten (an), bitten, aufsuchen
exīre, exeō, exiī	herausgehen, hinausgehen
inīre, ineō, iniī	hineingehen (in), beginnen
praeterīre, praetereō, praeteriī	übergehen, vorbeigehen (an)

Circus Maximus	Circus Maximus (*Rennbahn für Wagenrennen in Rom*)

46

fēmina	Frau
fōrma	Form, Gestalt, Schönheit
memoria	Erinnerung, Gedächtnis; Zeit
taberna	Laden, Wirtshaus
umerus	Schulter, Oberarm
facilis, e	leicht (zu tun)
hic, haec, hoc	dieser, diese, dieses (hier); folgender

ille, illa, illud	jener, jene, jenes; der (dort); damalig, berühmt	
legere, legō, lēgī	lesen; auswählen	
sinere, sinō, sīvī	(zu)lassen, erlauben	
nē … quidem	nicht einmal	
umquam	jemals	
memoriā tenēre	im Gedächtnis behalten	
Mārs, Mārtis *m*	Mars (*der röm. Kriegsgott*)	

47

thermae, thermārum *f Pl.*	warme Bäder, Thermen
liber, librī *m*	Buch
auctor, auctōris *m*	Anführer, Gründer, Schriftsteller, Verfasser
sors, sortis *f* (*Gen. Pl.* -ium)	Los, Orakelspruch, Schicksal
multa, ōrum *n Pl.*	viel(es)
nōnnūllī, ae, a	einige, manche
dīligēns, dīligentis	gewissenhaft, sorgfältig
omnia, omnium *n Pl.*	alles

fēlīx, fēlīcis	erfolgreich, glückbringend, glücklich
dīves, dīvitis	reich
pauper, pauperis	arm
sapiēns, sapientis	klug, weise
vetus, veteris	alt
intus	im Inneren, innen
multa scīre	viel(es) wissen
omnia posse	alles können

48

arēna	Sand, Kampfplatz
cōnspectus, cōnspectūs *m*	Anblick, Blickfeld
impetus, impetūs *m*	Angriff, Schwung
ingēns, ingentis	gewaltig, ungeheuer
cessāre, cessō	zögern, rasten
sollicitāre, sollicitō	aufhetzen, beunruhigen, erregen
turbāre, turbō	durcheinanderbringen, stören
currere, currō, cucurrī	laufen, eilen
laedere, laedō, laesī	beschädigen, verletzen, beleidigen

incipere, incipiō, coepī (incēpī)	anfangen, beginnen
equidem	(ich) allerdings, freilich
quoque (*nachgestellt*)	auch
ac / atque	und, und auch

49

flāgitium	Schandtat, Gemeinheit
supplicium	Strafe, Hinrichtung, flehentliches Bitten
tēlum	(Angriffs-)Waffe, Geschoss
dīgnus, a, um (*m. Abl.*)	wert, würdig (*einer Sache*)
īnfēlīx, īnfēlīcis	unglücklich
excitāre, excitō	erregen, ermuntern, wecken
īnstāre, īnstō, īnstitī	bevorstehen, hart zusetzen
perterrēre, perterreō	sehr erschrecken, einschüchtern
tegere, tegō, tēxī	bedecken, schützen, verbergen
obicere, obiciō, obiēcī	darbieten, vorwerfen
deinde	dann, darauf

dēnique	schließlich, zuletzt
contrā *m. Akk.*	gegen
iterum atque iterum	immer wieder

50

nāvigium	Schiff
eximius, a, um	außergewöhnlich, außerordentlich
sevērus, a, um	streng, hart
atrōx, atrōcis	furchtbar, schrecklich
vulnerāre, vulnerō	verwunden, verletzen
ascendere, ascendō, ascendī	besteigen, hinaufsteigen (zu)
cōnflīgere, cōnflīgō, cōnflīxī	kämpfen, zusammenstoßen

51

pēs, pedis *m*	Fuß
corpus, corporis *n*	Körper, Leichnam
crīmen, crīminis *n*	Verbrechen, Vorwurf, Beschuldigung

genus, generis *n*	Abstammung, Art, Geschlecht
nōmen, nōminis *n*	Name
pectus, pectoris *n*	Brust, Herz
scelus, sceleris *n*	Verbrechen; Schurke
tempus, temporis *n*	(günstige) Zeit, Umstände
vulnus, vulneris *n*	Wunde, Verlust (*milit.*)
domus, domūs *f* (*Abl. Sg.* -ō, *Gen. Pl.* -ōrum, *Akk. Pl.* -ōs)	Haus
nūllus, a, um (*Gen.* nūllīus, *Dat.* nūllī)	kein
negāre, negō	leugnen, verneinen, verweigern
accidere, accidō, accidī	geschehen, sich ereignen
rapere, rapiō, rapuī	wegführen, rauben, wegreißen

52

hostia	Opfertier, Schlachtopfer
carmen, carminis *n*	Gedicht, Lied
prex, precis *f*	Bitte, Gebet
sacerdōs, sacerdōtis *m/f*	Priester(in)

sanguis, sanguinis *m*	Blut
gēns, gentis *f* (*Gen. Pl.* -ium)	Familienverband, Stamm, Volk
senātus, senātūs *m*	Senat, Senatsversammlung
certus, a, um	sicher, bestimmt
sānctus, a, um	ehrwürdig, heilig
cantāre, cantō	singen
fundere, fundō, fūdī	(aus)gießen, zerstreuen
reprehendere, reprehendō, reprehendī	schimpfen, kritisieren
tribuere, tribuō, tribuī	schenken, zuteilen
perīre, pereō, periī	umkommen, zugrunde gehen

53

numerus	Zahl, Menge
caput, capitis *n*	Kopf; Hauptstadt
animal, animālis *n* (*Gen. Pl.* -ium)	Lebewesen, Tier
mare, maris *n* (*Abl. Sg.* -ī, *Nom. / Akk. Pl.* -ia, *Gen. Pl.* -ium)	Meer

moenia, moenium n Pl.	Mauern, Stadtmauern
nāvis, nāvis f (Gen. Pl. -ium)	Schiff
turris, turris f (Akk. Sg. -im, Abl. Sg. -ī, Gen. Pl. -ium)	Turm

duo, duae, duo	zwei
trēs, trēs, tria	drei
quattuor indekl.	vier
quīnque indekl.	fünf
septem indekl.	sieben
octō indekl.	acht
novem indekl.	neun
decem indekl.	zehn
ūndecim indekl.	elf
duodecim indekl.	zwölf
trēdecim indekl.	dreizehn
quattuordecim indekl.	vierzehn
quīndecim indekl.	fünfzehn
sēdecim indekl.	sechzehn
septendecim indekl.	siebzehn
duodēvīgintī indekl.	achtzehn
ūndēvīgintī indekl.	neunzehn
vīgintī indekl.	zwanzig

fugere, fugiō, fūgī (*m. Akk.*)	fliehen (vor), meiden
quot?	wie viel(e)?

54

flōs, flōris *m*	Blume, Blüte
fulmen, fulminis *n*	Blitz
cruciātus, cruciātūs *m*	Folter, Qual
imminēre, immineō	drohen, herüberragen (über)
canere, canō, cecinī	singen, (ver)künden
effundere, effundō, effūdī	ausgießen, vergießen
īnfundere, īnfundō, īnfūdī	hineingießen, darübergießen, verbreiten (über)
patefacere, patefaciō, patefēcī	aufdecken, öffnen

55

fenestra	Fenster
īra	Zorn, Wut
poena	Strafe
iūdex, iūdicis *m*	Richter

lēx, lēgis *f*	Gesetz, Bedingung
speciēs, speciēī *f*	Anblick, Aussehen, Schein
tōtus, a, um (*Gen.* tōtīus, *Dat.* tōtī)	ganz, gesamt
complūrēs, complūra	mehrere
damnāre, damnō (*m. Gen.*)	verurteilen (wegen)
remanēre, remaneō, remānsī	(zurück)bleiben
impedīre, impediō	hindern, verhindern
circiter	ungefähr
paene	fast

56

socius	Gefährte, Verbündeter
dux, ducis *m/f*	Anführer(in)
ōs, ōris *n*	Gesicht, Mund
armātus, a, um	bewaffnet
secundus, a, um	der zweite; günstig
tertius, a, um	der dritte
quārtus, a, um	der vierte

quīntus, a, um	der fünfte
sextus, a, um	der sechste
septimus, a, um	der siebte
octāvus, a, um	der achte
nōnus, a, um	der neunte
decimus, a, um	der zehnte

5
dare, dō, dedī, **datum**	geben
monēre, moneō, monuī, **monitum**	mahnen, ermahnen
terrēre, terreō, terruī, **territum**	erschrecken
arcessere, arcessō, arcessīvī, **arcessītum**	herbeirufen, holen
petere, petō, petīvī, **petītum**	aufsuchen, (er)streben, bitten, verlangen
quaerere, quaerō, quaesīvī, **quaesītum**	erwerben wollen, suchen, fragen
servīre, serviō	dienen, Sklave sein

6
hūc	hierher

7
quō?	wohin?

13
Etrūscus, a, um	etruskisch; *Subst.* Etrusker

57

littera	Buchstabe; *Pl.* Brief; Literatur, Wissenschaft
vīs *f* (*Akk.* vim, *Abl.* vī)	Gewalt, Kraft, Menge
paucī, ae, a	wenige
recitāre, recitō	vortragen, vorlesen
rīdēre, rīdeō, rīsī, **rīsum**	lachen, auslachen
vidēre, videō, vīdī, **vīsum**	sehen
venīre, veniō, vēnī, **ventum**	kommen
ventum est	man kam
invenīre, inveniō, invēnī, **inventum**	finden, erfinden
comprehendere, comprehendō, comprehendī, **comprehēnsum**	begreifen, ergreifen, festnehmen
dūcere, dūcō, dūxī, **ductum**	führen, ziehen
laedere, laedō, laesī, **laesum**	beschädigen, verletzen, beleidigen
mittere, mittō, mīsī, **missum**	(los)lassen, schicken, werfen

reprehendere, reprehendō, reprehendī, **reprehēnsum**	schimpfen, kritisieren
trahere, trahō, trāxī, **tractum**	schleppen, ziehen
vincere, vincō, vīcī, **victum**	(be)siegen, übertreffen
capere, capiō, cēpī, **captum**	fassen, nehmen; erobern
conicere, coniciō, coniēcī, coniectum	(zusammen)werfen, folgern, vermuten
facere, faciō, fēcī, factum	machen, tun, handeln
interficere, interficiō, interfēcī, interfectum	töten, vernichten
undique	von allen Seiten, von überallher
alius … alius	der eine … der andere

58

taurus	Stier
tergum	Rücken
calamitās, calamitātis *f*	Schaden, Unglück
lītus, lītoris *n*	Küste, Strand
virgō, virginis *f*	Mädchen, Jungfrau

		2
praeclārus, a, um	großartig	
gravis, e	schwer	
		5
mūtāre, mūtō	(ver)ändern, verwandeln
perterrēre, perterreō, perterruī, **perterritum**	sehr erschrecken, einschüchtern
animadvertere, animadvertō, animadvertī, **animadversum**	*m. AcI / Akk.* bemerken
cōnsīdere, cōnsīdō, cōnsēdī, cōnsessum	sich setzen, sich niederlassen
dēdūcere, dēdūcō, dēdūxī, **dēductum**	wegführen, hinführen
tangere, tangō, tetigī, tāctum	berühren
accipere, accipiō, accēpī, **acceptum**	erhalten, erfahren, annehmen
rapere, rapiō, rapuī, **raptum**	wegführen, rauben, wegreißen
redīre, redeō, rediī, reditum	zurückgehen, zurückkehren
		8
at	aber, dagegen, jedoch
		12
amōre capī	von Liebe ergriffen werden

Eurōpa	Europa (*die Tochter des phönizischen Königs Agenor*)

59

modus	Art, Weise; Maß
vinculum	Band, Fessel; *Pl.* Gefängnis
ignis, ignis *m*	Feuer
necessārius, a, um	notwendig
plēnus, a, um (*m. Gen.*)	voll (von / mit)
mortālis, e	sterblich; *Subst.* Mensch
interrogāre, interrogō	fragen
movēre, moveō, mōvī, mōtum	bewegen, beeindrucken
placet *m. Dat.*	es gefällt jdm., jd. beschließt
torquēre, torqueō, torsī, tortum	drehen; quälen
cōnstituere, cōnstituō, cōnstituī, cōnstitūtum	festsetzen, beschließen
relinquere, relinquō, relīquī, relictum	verlassen, zurücklassen
statuere, statuō, statuī, statūtum	aufstellen, beschließen, festsetzen

bonō animō esse	guten Mutes sein, zuversichtlich sein
eius modī / eiusmodī	derartig, so beschaffen
in vincula dare	in Fesseln legen, fesseln, gefangen nehmen

Promētheus, Promētheī	Prometheus (*Göttersohn, Schöpfer der Menschen*)

60

mora	Aufenthalt, Verzögerung
unda	Welle, Gewässer
somnus	Schlaf
āēr, āeris *m*	Luft
lātus, a, um	breit, ausgedehnt
vehemēns, vehementis	energisch, heftig
nēmō, nēminis	niemand
vītāre, vītō	meiden, vermeiden
volāre, volō	fliegen, eilen
retinēre, retineō, retinuī, retentum	behalten, festhalten, zurückhalten

addūcere, addūcō, **addūxī, adductum**	heranführen, veranlassen
condere, condō, condidī, **conditum**	verwahren, verbergen; erbauen, gründen
solvere, solvō, solvī, solūtum	lösen, auflösen; bezahlen
priusquam	bevor, eher als
poenam solvere	Strafe bezahlen, bestraft werden
Daedalus	Dädalus (*berühmter Baumeister und Erfinder aus Athen*)
Īcarus	Ikarus (*der Sohn des Dädalus*)

61

miseria	Not, Unglück
dēsīderium (*m. Gen.*)	Sehnsucht, Verlangen (nach)
fraus, fraudis *f*	Betrug, List
fōrmōsus, a, um	schön, hübsch
immānis, e	furchtbar, schrecklich
affirmāre, affirmō	behaupten, bestätigen

contemnere, contemnō, contempsī, contemptum	verachten, nicht beachten	
clam	heimlich	6
dēsīderium tuī	Sehnsucht nach dir	12
Ariadna	Ariadne (*Tochter des Königs Minos*)	13
Mīnotaurus	der Minotaurus (*ein halb stier-, halb menschengestaltiges Ungeheuer*)	
Thēseus, Thēseī	Theseus (*athenischer Held*)	

62

āra	Altar	1
superī, superōrum m Pl.	die Götter	
nefārius, a, um	gottlos, verbrecherisch	2
potēns, potentis	mächtig, stark	
ipse, ipsa, ipsum (*Gen.* ipsīus, *Dat.* ipsī)	(er, sie, es) selbst; persönlich; gerade; sogar (*hervorhebend*)	3
aestimāre, aestimō	einschätzen, beurteilen; *m. dopp. Akk.* halten für	5

appellāre, appellō	anrufen; *m. dopp. Akk.* nennen
nōmināre, nōminō	nennen
putāre, putō	glauben, meinen; *m. dopp. Akk.* halten für
vindicāre, vindicō	beanspruchen, bestrafen; **in** *m. Akk.* vorgehen gegen
colere, colō, coluī, cultum	bewirtschaften, pflegen; verehren
dīcere, dīcō, dīxī, **dictum**	sagen, sprechen; *m. dopp. Akk.* nennen, bezeichnen (als)
dūcere, dūcō, dūxī, **ductum**	führen, ziehen; *m. dopp. Akk.* halten für
legere, legō, lēgī, **lēctum**	lesen; auswählen
reddere, reddō, reddidī, redditum	zurückgeben, etw. zukommen lassen; *m. dopp. Akk.* jdn. zu etw. machen
facere, faciō, fēcī, factum	machen, tun, handeln; *m. dopp. Akk.* jdn. zu etw. machen
parere, pariō, peperī, partum	zur Welt bringen, gebären; schaffen

in *m. Akk.*	in (... hinein), nach (*wohin?*); gegen
Apollō, Apollinis *m*	Apollon (*Gott des Lichts, der Künste und der Weissagung*)
Lātōna	Latona (*Göttin*)
Nioba	Niobe (*Königin von Theben*)
Tantalus	Tantalus (*Sohn des Jupiter*)

63

condiciō, condiciōnis *f*	Bedingung, Lage, Verabredung
coniūnx, coniugis *m/f*	Gatte, Gattin
ācerbus, a, um	bitter, grausam, rücksichtslos
vetāre, vetō, vetuī, vetitum (*m. Akk.*)	verbieten
commovēre, commoveō, commōvī, commōtum	bewegen, veranlassen
iubēre, iubeō, iussī, iussum (*m. Akk.*)	anordnen, befehlen
flectere, flectō, flexī, flexum	biegen, (hin)lenken, umstimmen

nūbere, nūbō, nūpsī, nūptum *m. Dat.*	heiraten
perdere, perdō, perdidī, perdidī, perditum	verlieren, verschwenden, zugrunde richten
redūcere, redūcō, redūxī, reductum	zurückführen, zurückziehen
respicere, respiciō, respexī, respectum	zurückblicken, berücksichtigen
simul	gleichzeitig, zugleich
nōn sōlum ..., sed etiam	nicht nur ..., sondern auch
Eurydica	Eurydike (*Gattin des Orpheus*)
Orpheus, Orpheī	Orpheus (*berühmter thrakischer Sänger*)
Tartarus	der Tartarus, die Unterwelt

64

īnferī, īnferōrum *m Pl.*	die Bewohner der Unterwelt, Unterwelt
saxum	Fels, Stein
fidēs, fideī *f*	Glaube, Treue, Vertrauen, Zuverlässigkeit

		5
obsecrāre, obsecrō	anflehen, bitten	
dēbēre, dēbeō, dēbuī, dēbitum	müssen, sollen, schulden	
dēligere, dēligō, dēlēgī, dēlēctum	(aus)wählen	
fallere, fallō, fefellī	täuschen, betrügen	
premere, premō, pressī, pressum	(unter)drücken, bedrängen	
prōmittere, prōmittō, prōmīsī, prōmissum	versprechen	
regere, regō, rēxī, rēctum	beherrschen, leiten, lenken	
volvere, volvō, volvī, volūtum	rollen, wälzen; überlegen	
effugere, effugiō, effūgī (*m. Akk.*)	entfliehen, entkommen	
		6
immō	im Gegenteil, ja sogar	
		12
brevī (tempore)	nach kurzer Zeit, bald (darauf)	
fidem servāre	die Treue halten; sein Wort halten	
summus mōns *m*	Berggipfel, die höchste Stelle des Berges	
		13
Sīsyphus	Sisyphos (*König von Korinth*)	

65

tribūnus	Tribun (*führender Vertreter eines Stadtbezirkes, einer Legion oder der Plebs*)
plēbs, plēbis *f*	(nicht adeliges, einfaches) Volk
senex, senis *m*	Greis, alter Mann
vestis, vestis *f* (*Gen. Pl.* -ium)	Kleidung, *Pl.* Kleider

iuvāre, iuvō, iūvī	*m. Akk.* unterstützen, helfen; erfreuen
persuādēre, persuādeō, persuāsī, persuāsum	*m. Dat.* überreden, überzeugen (*m. AcI*)
prōvidēre, prōvideō, prōvīdī, prōvīsum	*m. Akk.* vorhersehen; *m. Dat.* sorgen für
cōnsulere, cōnsulō, cōnsuluī, cōnsultum	*m. Akk.* um Rat fragen; *m. Dat.* sorgen für; in *m. Akk.* vorgehen gegen
neglegere, neglegō, neglēxī, neglēctum	nicht (be)achten, vernachlässigen
parcere, parcō, pepercī	*m. Dat.* schonen, verschonen
quaerere, quaerō, quaesīvī, quaesītum ex / dē *m. Abl.*	erwerben wollen, suchen; jdn. fragen

praeesse, praesum, praefuī	*m. Dat.* leiten, an der Spitze stehen
prō *m. Abl.*	vor; anstelle von, für

66

ūsus, ūsūs *m*	Nutzen, Benutzung
alere, alō, aluī, altum	ernähren, großziehen
āvertere, āvertō, āvertī, āversum	abwenden, vertreiben
dēserere, dēserō, dēseruī, dēsertum	im Stich lassen, verlassen
discere, discō, didicī	lernen, erfahren
frangere, frangō, frēgī, frāctum	etw. zerbrechen (*trans.*)
pōnere, pōnō, posuī, positum	(auf)stellen, (hin)legen, setzen
efficere, efficiō, effēcī, effectum	bewirken, herstellen
num? (*im Hauptsatz*)	etwa?
intrā *m. Akk.*	innerhalb (von)
auxiliō venīre (*m. Dat.*)	(jdm.) zu Hilfe kommen

crīminī dare (*m. Dat.*)	(jdm.) zum Vorwurf machen
cūrae esse (*m. Dat.*)	(jdm.) Sorge bereiten
perniciēī esse (*m. Dat.*)	(jdm.) Verderben bringen
ūsuī esse (*m. Dat.*)	(jdm.) von Nutzen sein, nützlich sein
Coriolānus	Coriolan (*röm. Patrizier*)

67

proelium	Kampf, Schlacht
silentium	Schweigen
vestīgium	Fußsohle, Spur, Stelle
arx, arcis *f*	Burg
cūstōs, cūstōdis *m/f*	Wächter(in)
exercitus, exercitūs *m*	Heer
sacer, sacra, sacrum (*m. Gen.*)	(jdm.) heilig, geweiht
īdem, eadem, idem	derselbe, der gleiche
tot *indekl.*	so viele
dēsinere, dēsinō, dēsiī, dēsitum	aufhören
haerēre, haereō, haesī	hängen, stecken bleiben

quālis, e	wie (beschaffen), was für ein(e)
īdem ... quī	derselbe ... wie
tālis ... quālis	so beschaffen ... wie (beschaffen)
tantum ... quantum	so viel ... wie (viel)
tantus ... quantus	so groß ... wie (groß)
tot ... quot	so viele ... wie (viele)
Camillus	Camillus (*röm. Politiker und Feldherr, um 446–365 v. Chr.*)
Gallus, a, um	gallisch, *Subst.* Gallier
Iūnō, Iūnōnis *f*	Juno (*Ehefrau des Jupiter, Göttin der Ehe und der Frauen*)

68

amīcitia	Freundschaft
odium	Hass
apertus, a, um	offen, offenkundig
dexter, dext(e)ra, dext(e)rum	rechts
immortālis, e	unsterblich
iūrāre, iūrō	schwören

augēre, augeō, auxī, auctum	vergrößern, vermehren
addere, addō, addidī, additum	hinzufügen
pellere, pellō, pepulī, **pulsum**	stoßen, schlagen, (ver)treiben
vertere, vertō, vertī, **versum**	drehen, wenden
cupere, cupiō, cupīvī, cupītum	wünschen, verlangen
trāns *m. Akk.*	über (... hinaus), jenseits
dext(e)ra (manus)	die Rechte, die rechte Hand
odiō esse (*m. Dat.*)	(jdm.) verhasst sein
Hannibal, Hannibalis *m*	Hannibal (*karthagischer Feldherr, 247–183 v. Chr.*)
Hamilcar, Hamilcaris *m*	Hamilkar (*Vater Hannibals*)

69

īnsidiae, īnsidiārum *f Pl.*	Falle, Attentat, Hinterlist
agmen, agminis *n*	Heereszug
iter, itineris *n*	Reise, Marsch, Weg
ōrātiō, ōrātiōnis *f*	Rede

dēfendere, dēfendō, dēfendī, dēfēnsum (ā *m. Abl.*)	abwehren, verteidigen (vor / gegen)	
expellere, expellō, expulī, expulsum	vertreiben, verbannen	
prōcēdere, prōcēdō, prōcessī	(vorwärts)gehen, vorrücken	
cōnficere, cōnficiō, cōnfēcī, cōnfectum	fertig machen, beenden	
incipere, incipiō, coepī (incēpī), inceptum	anfangen, beginnen	
obicere, obiciō, obiēcī, obiectum	darbieten, vorwerfen	
superesse, supersum, superfuī	überleben, übrig sein	
subīre, subeō, subiī	auf sich nehmen, herangehen	
trānsīre, trānseō, trānsiī	durchqueren, hinübergehen, überschreiten	
aut	oder	
ūsque ad *m. Akk.*	bis (zu)	
Alpēs, Alpium *f Pl.*	die Alpen	
Poenus, a, um	punisch, karthagisch; *Subst.* Punier, Karthager	

70

victōria	Sieg
praeda	Beute
argentum	Silber
cōnsul, cōnsulis *m*	Konsul
lūctus, lūctūs *m*	Trauer

īgnōtus, a, um	unbekannt
singulus, a, um	je ein, jeder einzelne

ōrāre, ōrō	(an)beten, bitten
pōstulāre, pōstulō	fordern
agere, agō, ēgī, **āctum**	handeln, treiben, verhandeln
occīdere, occīdō, occīdī, occīsum	niederschlagen, töten

postrēmō	schließlich

nē *m. Konj.*	dass nicht, nicht zu (*m. Inf.*); (*nach Ausdrücken des Fürchtens*) dass
ut *m. Konj.*	dass, zu (*m. Inf.*)

perīculum est, nē *m. Konj.*	es besteht die Gefahr, dass
timēre, nē *m. Konj.*	fürchten, dass
suī, suōrum *m Pl.*	die Seinen, die Ihren, seine (ihre) Leute

71

figūra	Figur, Form, Gestalt
adversārius	Gegner, Feind
hortus	Garten
radius	Strahl, (Rad-)Speiche
ēnsis, ēnsis *m*	Schwert

adversārius, a, um	feindlich
avidus, a, um (*m. Gen.*)	(be)gierig (nach)
doctus, a, um	gelehrt, gebildet
quiētus, a, um	ruhig, untätig
ferōx, ferōcis	wild, trotzig

admonēre, admoneō	ermahnen, auffordern, erinnern
invādere, invādō, invāsī, invāsum	eindringen, sich verbreiten, befallen

Archimēdēs, Archimēdis *m*	Archimedes (*griech. Mathematiker und Ingenieur, um 287-212 v. Chr.*)

72

furor, furōris *m*	Wahnsinn, Wut
iuventūs, iuventūtis *f*	Jugend
religiō, religiōnis *f*	Glaube, Aberglaube, (Gottes-)Verehrung, Frömmigkeit, Gewissenhaftigkeit
cultus, cultūs *m*	Bildung, Lebensweise, Pflege, Verehrung
aeternus, a, um	ewig
circumdare, circumdō, circumdedī, circumdatum	umgeben
respondēre, respondeō, respondī, respōnsum	antworten
convertere, convertō, convertī, conversum	verändern, (um)wenden
dēpōnere, dēpōnō, dēposuī, dēpositum	niederlegen, aufgeben
opprimere, opprimō, oppressī, oppressum	bedrohen, niederwerfen, unterdrücken
pergere, pergō, perrēxī	aufbrechen; weitermachen
restituere, restituō, restituī, restitūtum	wiederherstellen

scrībere, scrībō, scrīpsī, **scrīptum**	schreiben, beschreiben
trādere, trādō, trādidī, trāditum	übergeben, überliefern

nē *m. Konj.*	dass nicht; (*nach Ausdrücken des Fürchtens*) dass; damit nicht, um nicht zu (*m. Inf.*)
ut *m. Konj.*	dass, sodass, damit, um zu (*m. Inf.*)

adversus *m. Akk.*	gegen

Rōmae	in Rom (*wo?*)
Delphōs	nach Delphi (*wohin?*)

73

fāma	(guter / schlechter) Ruf, Gerücht
aura, auris *m* (*Gen. Pl.* -ium)	Ohr
crux, crucis *f*	Kreuz

falsus, a, um	falsch
invītus, a, um	ungern, gegen den Willen

placidus, a, um	friedlich, ruhig, sanft
frequēns, frequentis	häufig, zahlreich
scelerātus, a, um	verbrecherisch, schändlich
iste, ista, istud (*Gen.* istīus, *Dat.* istī)	dieser, diese, dieses (da)
necāre, necō	töten
sustinēre, sustineō, sustinuī	ertragen, standhalten
comperīre, comperiō, comperī, compertum	(genau) erfahren
pervenīre, perveniō, pervēnī, perventum ad / in *m. Akk.*	kommen zu / nach
Bacchus	Bacchus (*Gott des Weines*)

74

quīdam, quaedam, quiddam *subst.*	ein gewisser, (irgend)einer; *Pl.* einige
quīdam, quaedam, quoddam *adj.*	ein gewisser, (irgend)ein; *Pl.* einige

animadvertere, animadvertō, animadvertī, animadversum	*m. AcI / Akk.* bemerken; **in** *m. Akk.* vorgehen gegen
dīmittere, dīmittō, dīmīsī, dīmissum	aufgeben, entlassen
gerere, gerō, gessī, **gestum**	ausführen, führen, tragen
impellere, impellō, impulī, impulsum	antreiben, veranlassen
metuere, metuō, metuī	(sich) fürchten
tribuere, tribuō, tribuī, **tribūtum**	schenken, zuteilen

ante	vorher
occultē	heimlich
paulō	(um) ein wenig
prōtinus	sofort

cum *m. Konj.*	als, nachdem; weil; obwohl, während (dagegen)
ubī (prīmum) *m. Ind.*	sobald

necesse (est)	(es ist) notwendig

Augustus	Augustus (*erster röm. Kaiser 27 v. Chr. – 14 n. Chr.*)

Caesar, Caesaris m	Gaius Iulius Caesar *(röm. Politiker, Feldherr und Schriftsteller, 100–44 v. Chr.)*
Cleopatra	Kleopatra VII. *(letzte Königin Ägyptens von 51–30 v. Chr.)*
Mārcus Antōnius	Marcus Antonius *(röm. Politiker und Feldherr, um 85–30 v. Chr.)*

75

clādēs, clādis *f* (*Gen. Pl.* -ium)	Niederlage, Unglück, Unheil
foedus, a, um	hässlich, schändlich, grässlich
auscultāre, auscultō	zuhören, gehorchen
prōnūntiāre, prōnūntiō	bekannt geben, vortragen
pūnīre, pūniō	bestrafen
inclūdere, inclūdō, inclūsī, inclūsum	einschließen
inicere, iniciō, iniēcī, iniectum	hineinwerfen, einflößen; anlegen, anziehen
citō	schnell

appāret *m. AcI*	es ist offenkundig
spectāculō esse	als Schauspiel dienen
Chrīstiānus, a, um	christlich; *Subst.* Christ
Nerō, Nerōnis *m*	Nero (*röm. Kaiser 54–68 n. Chr.*)

76

discrīmen, discrīminis *n*	Entscheidung, Gefahr, Unterschied
dēclārāre, dēclārō	deutlich machen, verkünden
nequīre, nequeō, nequī(v)ī	nicht können
incidere, incidō, incidī (in *m. Akk.*)	treffen (auf jdn. / etw.); hinzukommen
ā iuventūte	von Jugend an
Chrīstus	Christus
Iēsūs (Nāzarēnus), *Gen.* Iēsū	Jesus (von Nazareth)
Iūdaeus, a, um	jüdisch; *Subst.* Jude

Saulus / Paulus	Saulus / Paulus *(hebräischer / christl. Name des Apostels und Missionars, gest. um 60 n. Chr.)*

77

fīdūcia	Vertrauen
vēr, vēris *n*	Frühling
pōns, pontis *m* (*Gen. Pl.* -ium)	Brücke
collocāre, collocō	aufstellen, unterbringen
convocāre, convocō	zusammenrufen, versammeln
claudere, claudō, clausī, clausum	schließen, abschließen, einschließen
cōnscrībere, cōnscrībō, cōnscrīpsī, cōnscrīptum	aufschreiben, verfassen
nōscere, nōscō, nōvī, nōtum	erkennen, kennenlernen; *Perf.* kennen, wissen
ruere, ruō, ruī	stürzen, eilen, stürmen
tegere, tegō, tēxī, tēctum	bedecken, schützen, verbergen
cōnspicere, cōnspiciō, cōnspexī, cōnspectum	erblicken

exīre, exeō, exiī, **exitum**	herausgehen, hinausgehen; enden
omnīnō	insgesamt, überhaupt, völlig
inter m. Akk.	unter, während, zwischen
fīdūcia suī	Selbstvertrauen
mīlitēs cōnscrībere	Soldaten ausheben, rekrutieren
Cōnstantīnus	Konstantin (*der Große; röm. Kaiser 306–337 n. Chr.*)
Tiberis, Tiberis *m* (*Akk.* -im, *Abl.* -ī)	der Tiber (*Fluss durch Rom*)

78

libellus	kleines Buch, Heft
arbor, arboris *f*	Baum
nūmen, nūminis *n*	Gottheit, göttlicher Wille
saevus, a, um	schrecklich, wild, wütend
maximus, a, um	der größte, sehr groß
vērus, a, um	echt, richtig, wahr
plūs, plūris	mehr
praesēns, praesentis	anwesend, gegenwärtig

cōgere, cōgō, coēgī, coāctum	(ver)sammeln; zwingen
cognōscere, cognōscō, cognōvī, cognitum	erkennen, kennenlernen; *Perf.* kennen, wissen
dēcernere, dēcernō, dēcrēvī, dēcrētum,	beschließen, entscheiden
deō grātiās	Gott sei Dank!
nūllō cōgente	ohne Zwang
rēs gestae *f Pl.*	Taten
Bonifātius	Bonifatius (*christlicher Missionar, "Apostel der Deutschen", um 670–754*)
Germānus, a, um	germanisch, *Subst.* Germane

79

lēgātus	Gesandter, Bevollmächtigter
mūnus, mūneris *n*	Geschenk; Aufgabe
pāx, pācis *f*	Frieden
barbarus, a, um	ausländisch, unzivilisiert; *Subst.* Barbar
vīvus, a, um	lebend, lebendig

		5
cēnsēre, cēnseō, cēnsuī, cēnsum (*m. Akk.*)	meinen, einschätzen; seine Stimme abgeben (für)	
docēre, doceō, docuī, doctum	lehren, unterrichten	
īgnōscere, īgnōscō, īgnōvī, īgnōtum	verzeihen	

		6
nūper	neulich, vor kurzem	

		12
Carolō auctōre	auf Veranlassung Karls	
Carolō Magnō imperātōre	unter der Herrschaft Karls des Großen	
mē invītō	gegen meinen Willen	
mē praesente	in meiner Anwesenheit	
rēge vīvō	zu Lebzeiten des Königs	
nōmine	namens	

		13
Carolus Magnus	Karl der Große (*König des Frankenreiches 768–814*)	
Francus, a, um	fränkisch; *Subst.* Franke	
Persae, Persārum *m Pl.*	die Perser	

80

commodum	Bequemlichkeit, Vorteil
saeculum	Jahrhundert, Menschenalter, Zeit(alter)
auctōritās, auctōritātis *f*	Ansehen, Einfluss, Macht
hūmānitās, hūmānitātis *f*	Menschlichkeit, Menschenfreundlichkeit; Bildung
orbis, orbis *m*	Kreis(lauf); Erdkreis, Welt
aliēnus, a, um	fremd
quī, quae, quod *adj.*	welcher, welche, welches
obtinēre, obtineō	(in Besitz) haben, (besetzt) halten
intellegere, intellegō, intellēxī, intellēctum	(be)merken, verstehen
corripere, corripiō, corripuī, correptum	ergreifen, gewaltsam an sich reißen
ūsque	ohne Unterbrechung
quārē?	weshalb? wodurch?
quidnam?	was denn?
-ne ... an (*Wahlfrage im Hauptsatz*)	... oder

utrum … an	… oder	
(Wahlfrage im Hauptsatz)		
Germānia	Germanien	13

81

posterī, posterōrum *m Pl.*	Nachkommen	1
cīvitās, cīvitātis *f*	Gemeinde, Staat; Bürgerrecht	
mēns, mentis *f* *(Gen. Pl.* -ium)	Geist, Sinn, Verstand; Meinung	
vīs *f* *(Akk.* vim, *Abl.* vī)	Gewalt, Kraft, Menge	
vīrēs, vīrium *f Pl.*	Kräfte; Streitkräfte	5
praestāre, praestō, praestitī	*m. Akk.* gewähren, leisten, zeigen; *m. Dat.* übertreffen	
exstinguere, exstinguō, exstīnxī, exstīnctum	auslöschen, vernichten	
prōdere, prōdō, prōdidī, prōditum	verraten; überliefern	
quiēscere, quiēscō, quiēvī, quiētum	(aus)ruhen, schlafen	
dēficere, dēficiō, dēfēcī, dēfectum (ā *m. Abl.*)	abnehmen, ermatten, abfallen (von)	

item	ebenso, gleichfalls
proinde	also, daher
quamvīs *m. Konj.*	wenn auch, obwohl
officium praestāre	seine Pflicht erfüllen
prohibēre, nē *m. Konj.*	daran hindern, dass
sponte meā (tuā, suā)	freiwillig, von selbst

82

rūs, rūris *n*	Feld, Land (*im Gegensatz zu Stadt*), Landgut
ars, artis *f (Gen. Pl.* -ium)	Kunst, Fertigkeit, Eigenschaft
longus, a, um	lang, weit
difficilis, e	schwer, schwierig
ūtilis, e	nützlich
centum *indekl.*	hundert
mīlle *Sg. indekl.*	tausend
mīlia, mīlium *n Pl.*	tausend, Tausende
locāre, locō	aufstellen, setzen; vermieten
abesse, absum, āfuī (ā *m. Abl.*)	entfernt sein, abwesend sein, fehlen

		6
quasi	gleichsam	
rūrī	auf dem Land	
		9
quīn? (*im Hauptsatz*)	warum nicht?	
(*m. Konj.*)	(*in festen Wendungen*) dass	
		12
nōn dubitō, quīn *m. Konj.*	Ich zweifle nicht (daran), dass ...	
moenia locāre	Stadtmauern errichten	
domum locāre	ein Haus vermieten	
		13
Colōnia (Agrippīnēnsis)	Köln	

83

		1
incola *m/f*	Bewohner(in), Einwohner(in)	
fīnitimus	Nachbar(in), Grenznachbar	
inceptum	Beginn, Vorhaben	
subsidium	Reservetruppe, Unterstützung	
līmes, līmitis *m*	Grenze, Grenzwall, Limes	
statiō, statiōnis *f*	(milit.) Stellung, (Wach-)Posten	
commeātus, commeātūs *m*	Nachschub, Transport, Versorgungsgüter	
		3
fīnitimus, a, um	angrenzend, benachbart	

obstāre, obstō, obstitī (*m. Dat.*)	hinderlich sein, im Wege stehen, Widerstand leisten
trānsportāre, trānsportō	hinüberbringen
fīnīre, fīniō	beenden, begrenzen
dēsistere, dēsistō, dēstitī (*m. Abl.*)	aufhören (mit)
distribuere, distribuō, distribuī, distribūtum	einteilen, verteilen
Drūsus / Tiberius	Drusus / Tiberius (*Stiefsöhne des Augustus*)
Gallia	Gallien (*heute Oberitalien, Frankreich und Belgien*)

84

aes, aeris *n*	Erz, Geld
mūnītiō, mūnītiōnis *f*	Bau, Befestigung
improbus, a, um	schlecht, unanständig
incertus, a, um	ungewiss, unsicher
ēvenīre, ēveniō, ēvēnī, ēventum	sich ereignen

ēdere, ēdō, ēdidī, ēditum	herausgeben, bekannt machen, veranstalten
emere, emō, ēmī, ēmptum	kaufen
exigere, exigō, exēgī, exāctum	(ein)fordern, vollenden
pōscere, pōscō, popōscī	fordern, verlangen
inde	von dort; darauf; deshalb
-ne *(im Gliedsatz)*	ob
num? *(im Gliedsatz)*	ob, ob nicht
utrum ... an *(im Gliedsatz)*	ob ... oder
quoniam *m. Ind.*	da ja, da nun
ēvenit, ut *m. Konj.*	es ereignet sich, dass
impedīre, nē *m. Konj.*	(ver)hindern, dass
aes aliēnum	Schulden
nihil ... nisī	nichts ... außer, nichts (anderes) ... als, nur

85

culpa	Schuld
facinus, facinoris *n*	Handlung; Untat
praetor, praetōris *m*	Prätor (*für die Rechtsprechung zuständiger Beamter*)
magistrātus, magistrātūs *m*	Amt, Beamter

ambō, ambae, ambō	beide (zusammen)

iactāre, iactō	schleudern, werfen; rühmen
iūdicāre, iūdicō	urteilen, beurteilen
aspicere, aspiciō, aspexī, aspectum	erblicken, ansehen

aliter	anders; sonst
forte	zufällig
minimē	am wenigsten, überhaupt nicht
pariter	ebenso, gleichzeitig
parum	(zu) wenig
prope	nahe, in der Nähe; beinahe

86

asper, aspera, asperum	rau; streng
recēns, recentis	frisch, neu
crēscere, crēscō, crēvī	wachsen
vēndere, vēndō, vēndidī, vēnditum	verkaufen
ferre, ferō, tulī, lātum	bringen, tragen; ertragen
afferre, afferō, attulī, allātum	bringen, herbeibringen, mitbringen; melden
cōnferre, cōnferō, contulī, collātum	vergleichen, zusammentragen
dēferre, dēferō, dētulī, dēlātum	hinbringen, melden, übertragen
differre, differō, distulī, dīlātum (ā *m. Abl.*)	aufschieben; sich unterscheiden (von)
efferre, efferō, extulī, ēlātum	herausheben, hervorbringen
īnferre, īnferō, intulī, illātum	hineintragen, zufügen
offerre, offerō, obtulī, oblātum	anbieten, entgegenbringen
perferre, perferō, pertulī, perlātum	(über)bringen, ertragen

praeferre, praeferō, praetulī, praelātum	vorziehen
referre, referō, rettulī, relātum	(zurück)bringen, berichten

87

fānum	Heiligtum, Tempel
firmus, a, um	stark
perniciōsus, a, um	gefährlich, schädlich
religiōsus, a, um	fromm, gewissenhaft, heilig
dēstināre, dēstinō	beschließen, bestimmen, festsetzen
tolerāre, tolerō	aushalten, ertragen
vexāre, vexō	quälen, misshandeln, schädigen
subigere, subigō, subēgī, subāctum	unterwerfen, (be)zwingen
inesse, īnsum, īnfuī	darin sein
prōdesse, prōsum, prōfuī	nützen
druidēs, druidum *m Pl.*	die Druiden (*keltische Priester*)
Grannus	Grannus (*keltischer Gott des Lichts, des Feuers, der heißen Quellen und des Heilens*)

88

opīniō, opīniōnis *f*	Meinung, (guter) Ruf
sīdus, sīderis *n*	Stern, Sternbild
cāsus, cāsūs *m*	Fall, Zufall
cursus, cursūs *m*	Lauf
mōtus, mōtūs *m*	Bewegung

cupidus, a, um (*m. Gen.*)	(be)gierig (nach)
nocturnus, a, um	nächtlich

aliquī, aliqua, aliquod *adj.*	(irgend)ein
aliquis, aliquid *subst.*	(irgend)jemand

cōnstāre, cōnstō, cōnstitī ex *m. Abl.*	bestehen aus
miscēre, misceō, miscuī, mixtum	mischen, verwirren, durcheinanderbringen
cernere, cernō	sehen, bemerken
sapere, sapiō, sapīvī	Verstand haben, Geschmack haben

imprīmīs	besonders, vor allem
quondam	einmal, einst; manchmal

nec / neque	und nicht, auch nicht

cāsus cīvitātis	der Untergang des Staates

cāsū ēvenīre	sich zufällig ereignen
Thalēs, Thalis *m*	Thales (*griech. Philosoph aus Milet, um 600 v. Chr.*)

89

aurum	Gold
fātum	Schicksal, Götterspruch
rēgnum	(Königs-)Herrschaft, Reich
ops, opis *f*	Hilfe, Kraft; *Pl.* Macht, Mittel, Reichtum
dīvīnus, a, um	göttlich
hūmānus, a, um	menschlich; gebildet
minimus, a, um	der kleinste, der geringste
rēgius, a, um	königlich
brevis, e	kurz
comparāre, comparō	vergleichen
recipere, recipiō, recēpī, receptum	zurücknehmen, aufnehmen, wiederbekommen
dēmum	endlich, erst
intereā	inzwischen, unterdessen

extrā *m. Akk.*	außerhalb (von)
(domus) rēgia	königliches Haus, (Königs-)Palast
opem ferre *(m. Dat.)*	(jdm.) Hilfe bringen
Croesus	Krösus *(König von Lydien im 6. Jh. v. Chr., bekannt für seinen Reichtum)*
Graecia	Griechenland
Solō, Solōnis *m*	Solon *(athenischer Gesetzgeber im 6. Jh. v. Chr.)*

90

epistula	Brief
nūptiae, nūptiārum *f Pl.*	Hochzeit
exilium	Exil, Verbannung
gaudium	Freude
initium	Anfang, Eingang
sōlācium	Trost, Trostmittel
versus, versūs *m*	Vers
mollis, e	weich, angenehm; freundlich

prior, prius (*Gen.* **priōris**)	der erste, der frühere, der vordere
āiō (*3. Pers. Sg.* **ait**, *3. Pers. Pl.* **āiunt**)	behaupte(te) ich, sag(t)e ich
compōnere, compōnō, composuī, compositum	abfassen, ordnen, schlichten; vergleichen
contingere, contingō, contigī, contāctum	berühren; gelingen
perficere, perficiō, perfēcī, perfectum	erreichen, fertigstellen, vollenden
salūtem dīcere (*m. Dat.*)	(jdn.) grüßen, begrüßen
sōlāciō esse (*m. Dat.*)	(jdm.) Trost bringen
Alcaeus	Alkaios (*griech. Dichter, um 600 v. Chr.*)
Sapphō, Sapphūs *f*	Sappho (*griech. Dichterin, um 600 v. Chr.*)

91

poēta, poētae *m*	Dichter
cupiditās, cupiditātis *f* (*m. Gen.*)	(heftiges) Verlangen (nach), Leidenschaft

nex, necis *f*	Mord, (gewaltsamer) Tod
testis, testis *m/f* (*Gen. Pl.* -ium)	Zeuge, Zeugin

obscūrus, a, um	dunkel, unbekannt
optimus, a, um	der beste, sehr gut
pessimus, a, um	der schlechteste, der schlimmste
plūrimī, ae, a	die meisten, sehr viele
māior, māius (*Gen.* māiōris)	größer
melior, melius (*Gen.* meliōris)	besser
minor, minus (*Gen.* minōris)	kleiner, geringer
pēior, pēius (*Gen.* pēiōris)	schlechter, schlimmer

ūnā *Adv.*	zugleich, zusammen

auxiliō vocāre	zu Hilfe rufen
ūnā cum (*m. Abl.*)	zusammen mit (jdm.)

Corinthus *f*	Korinth (*Stadt in Griechenland*)
Ībycus	Ibykos (*griech. Dichter, um 550 v. Chr.*)

92

sententia	Meinung, Satz, Sinn, Antrag (im Senat)
superbia	Stolz, Überheblichkeit
praesidium	(Wach-)Posten, Schutztruppe
dūrus, a, um	hart, hartherzig
impius, a, um	gottlos, gewissenlos
iūstus, a, um	gerecht
patrius, a, um	heimisch, väterlich
pius, a, um	fromm, gerecht, pflichtbewusst
peccāre, peccō	sündigen, einen Fehler machen
cavēre, caveō, cāvī, cautum (*m. Akk.*)	sich hüten (vor), Vorsorge treffen
impōnere, impōnō, imposuī, impositum	auferlegen, einsetzen
nōlle, nōlō, nōluī	nicht wollen
quisnam	wer denn?
causā (*nachgestellt*) *m. Gen.*	wegen
Antigona	Antigone (*Tochter des Ödipus*)
Creōn, Creontis *m*	Kreon (*König von Theben, Onkel der Antigone*)

93

cūstōdia	Gefängnis, Haft, Wache
canis, canis *m*	Hund
dōs, dōtis *f*	Mitgift
iūs, iūris *n*	Recht
sermō, sermōnis *m*	Gespräch, Sprache, Gerede
adulēscēns, adulēscentis *m* (*Gen. Pl.* -ium)	junger Mann; *Adj.* jung
aedis, aedis *f* (*Gen. Pl.* -ium)	Tempel, *Pl.* Haus

ferus, a, um	wild
indīgnus, a, um (*m. Abl.*)	unwürdig (*einer Sache*)
sōlus, a, um	allein, einzig
incrēdibilis, e	unglaublich

pudet, puduit *m. Akk.*	es beschämt (jdn.)
attingere, attingō, attigī, attāctum	berühren
committere, committō, commīsī, commissum	anvertrauen; veranstalten; zustande bringen
iungere, iungō, iūnxī, iūnctum	verbinden, vereinigen

Mē pudet *m. Inf.*	es beschämt mich (etw.) zu tun
	ich schäme mich (etw.) zu tun
Mē pudet *m. Gen.*	ich schäme mich wegen (einer Sache)

94

sacrificium	Opfer
error, errōris *m*	Irrtum, Irrfahrt, Irrweg
ōmen, ōminis *n*	(Vor-)Zeichen
vātēs, vātis *m/f*	Seher, Dichter, Sänger
īnfandus, a, um	abscheulich, unsagbar
cēlāre, cēlō (*m. Akk.*)	verheimlichen, verbergen (vor jdm.)
suādēre, suādeō, suāsī, suāsum	raten, empfehlen
furere, furō	toben, wüten, rasen
iam prīdem	schon lange
impūne	ungestraft, ohne Schaden
age!	los! auf! nun, also

Polynīcēs, Polynīcis *m*	Polyneikes (*Sohn des Ödipus, Bruder des Eteokles und der Antigone*)
Tīresiās, Tīresiae *m*	Teiresias (*blinder thebanischer Seher*)

95

philosophus	Philosoph
vitium	Fehler, schlechte Eigenschaft
māiōrēs, māiōrum *m Pl.*	Vorfahren
opus, operis *n*	Arbeit, Werk
voluptās, voluptātis *f*	Lust, Vergnügen
levis, e	leicht, leichtsinnig
optāre, optō	wünschen
perturbāre, perturbō	in Verwirrung bringen
corrumpere, corrumpō, corrūpī, corruptum	bestechen, verderben
dīligere, dīligō, dīlēxī, dīlēctum	hochachten, lieben
facile	leicht
potius	eher, lieber

modo … modo	manchmal … manchmal
utinam *m. Konj.*	hoffentlich, wenn doch
mōre Graecōrum	nach Art der Griechen
Catō, Catōnis *m*	Cato (*röm. Politiker und Feldherr*)
Flāminīnus	Flamininus (*röm. Politiker und Feldherr*)
Graecus, a, um	griechisch; *Subst.* Grieche

96

incendium	Brand, Feuer
spatium	Raum, Strecke, Zeit(raum)
lēgātiō, lēgātiōnis *f*	Gesandtschaft
memor, memoris *m. Gen.*	in Erinnerung an
nōbilis, e	adelig, berühmt, vornehm
restāre, restō, restitī	übrig bleiben; Widerstand leisten
colligere, colligō, collēgī, collēctum	sammeln
rumpere, rumpō, rūpī, ruptum	zerbrechen

afficere, afficiō, affēcī, affectum *m. Abl.*	versehen mit etw.
cēterum	übrigens, im Übrigen
illīc	dort
quī	wie
poenā afficere	bestrafen
suppliciō afficere	hinrichten lassen
Hector, Hectoris *m*	Hektor (*stärkster der trojanischen Helden im Kampf gegen die Griechen*)
Laelius	Laelius (*röm. Politiker und Feldherr*)
Scīpiō, Scīpiōnis *m*	Scipio (*röm. Politiker und Feldherr*)
Trōia	Troja (*Stadt in Kleinasien*)

97

convīvium	Gastmahl, Gelage
ōtium	freie Zeit, Ruhe (*von berufl. Tätigkeit*); Frieden
coniūrātiō, coniūrātiōnis *f*	Verschwörung

		2
familiāris, e	freundschaftlich, vertraut; *Subst.* Freund	
mīlitāris, e	militärisch, Kriegs-	
		5
accēdere, accēdō, accessī, accessum (ad *m. Akk.*)	herbeikommen, hinzukommen (zu)	
cōnservāre, cōnservō (ā *m. Abl.*)	retten (vor), bewahren (vor)	
		6
palam	bekannt, in aller Öffentlichkeit	
post	dann, später	
satis	genug	
tunc	damals, dann	
		7
quotiēns	wie oft, sooft	
		12
ad rem pūblicam accēdere	sich politisch betätigen	
Rōmam	nach Rom (*wohin?*)	
		13
Atticus	Atticus (*Freund und Verleger Ciceros*)	
Catullus	Catull (*röm. Dichter, 1. Jh. v. Chr.*)	
Cicerō, Cicerōnis *m*	Cicero (*röm. Redner, Schriftsteller und Politiker, 106–43 v. Chr.*)	

98

coquus	Koch
cōnsulāris, is *m*	ehemaliger Konsul
sodālis, sodālis m (*Gen. Pl.* -ium)	Freund
ineptus, a, um	dumm, albern
sānus, a, um	gesund, vernünftig
cōnsulāris, e	konsularisch
favēre, faveō, fāvī, fautum *m. Dat.*	bevorzugen, begünstigen, gewogen sein
lacessere, lacessō, lacessīvī, lacessītum	herausfordern, reizen
ilīcō	dort; sofort, sogleich
Mamurra *m*	Mamurra (*Offizier im Heer Cäsars*)

99

membrum	Glied, (Körper-)Teil
aditus, aditūs *m*	Zugang, Eingang

possidēre, possideō, possēdī, possessum	besitzen
occurrere, occurrō, occurrī	begegnen, entgegentreten
prehendere, prehendō, prehendī, prehēnsum	ergreifen, nehmen
vīsere, vīsō, vīsī, vīsum	besichtigen, besuchen
illūc	dahin, dorthin
istīc	da, dort
plūrimum	am meisten, sehr viel
plūs	mehr
praetereā	außerdem
quam	als, wie; *mit Superlativ* möglichst
aut ... aut	entweder ... oder
inquam (*3. Pers. Sg.* inquit)	sag(t)e ich
Maecēnās, Maecēnātis *m*	Mäzenas (*Förderer der Künste zur Zeit des Augustus*)

100

invidia	Neid
dictum	Ausspruch, Wort

pecus, pecoris *n*	Vieh, Tier	
dīvus, a, um	göttlich	2
grātus, a, um	dankbar, willkommen, beliebt	
iūcundus, a, um	angenehm, erfreulich	
occupātus, a, um (in *m. Abl.*)	beschäftigt (mit)	
carpere, carpō, carpsī, carptum	pflücken, genießen; nutzen	5
rārō	selten	6
nec … nec	weder … noch	8
Carpe diem!	Genieße den Tag! Nutze den Tag (die Zeit)!	12
sē recipere	sich zurückziehen	
Tibullus	Tibull (*röm. Dichter, um 55 – 19 v. Chr.*)	13
Epicūrus	Epikur (*griech. Philosoph, um 341 – 270 v. Chr.*)	
Horātius	Horaz (*röm. Dichter, 65–8 v. Chr.*)	

101

exemplum	Beispiel, Vorbild
dīgnitās, dīgnitātis *f*	Ansehen, Würde; (gesellschaftliche) Stellung
dīversus, a, um	verschieden, entgegengesetzt, feindlich
ēgregius, a, um	ausgezeichnet, hervorragend
probus, a, um	anständig, gut
grandis, e	alt; bedeutend, groß
incendere, incendō, incendī, incēnsum	entflammen, in Brand stecken
permittere, permittō, permīsī, permissum	erlauben, überlassen
prōferre, prōferō, prōtulī, prōlātum	(hervor)holen, zur Sprache bringen
haud	nicht
contrā	gegenüber, dagegen
opus est *m. Abl.*	es ist nötig, man braucht (etw.)
Rōmae	in Rom (*wo?*)
sē praebēre	sich zeigen
Ovidius	Ovid (*röm. Dichter, 43 v. Chr. – 17 n. Chr.*)

Vergilius — Vergil (*röm. Dichter, 70 – 19 v. Chr., Schöpfer des röm. Nationalepos „Äneis"*)

102

colloquium	Gespräch
frīgus, frīgoris n	Frost, Kälte
extrēmus, a, um	der (die, das) äußerste, letzte
longinquus, a, um	lang (*zeitlich*), weit entfernt
misellus, a, um	arm, bedauernswert
molestus, a, um	lästig, beschwerlich, langweilig
ūnicus, a, um	einzig, außerordentlich
venustus, a, um	fein, schön, charmant, liebenswürdig
ūrere, ūrō	(ver)brennen, ausdörren, austrocknen
identidem	immer wieder, wiederholt

103

fūrtum	Diebstahl, Hinterlist
pudor, pudōris *m*	Scham(gefühl), Anstand

aequus, a, um	eben, gleich, gerecht, gnädig
proximus, a, um	der nächste
ultimus, a, um	der äußerste, der entfernteste, der letzte
incolumis, e	unverletzt, wohlbehalten

quisque, quaeque, quodque *adj.*	jeder
quisque, quidque *subst.*	jeder

permovēre, permoveō, permōvī, permōtum	beunruhigen; veranlassen
discēdere, discēdō, discessī, discessum	auseinandergehen, weggehen
auferre, auferō, abstulī, ablātum	wegbringen, rauben

praeter *m. Akk.*	außer

animus aequus	Ausgeglichenheit; Gleichgültigkeit
fūrtum committere	einen Diebstahl begehen
optimus quisque	gerade die Besten

104

memorāre, memorō	erwähnen, sagen
incēdere, incēdō, incessī, incessum	heranrücken, eintreten; (jdn.) befallen
arbitrārī, arbitror, arbitrātus sum	glauben, meinen
morārī, moror, morātus sum	(sich) aufhalten
precārī, precor, precātus sum	bitten
suspicārī, suspicor, suspicātus sum	vermuten
fatērī, fateor, fassus sum	bekennen, gestehen
pollicērī, polliceor, pollicitus sum	versprechen
rērī, reor, ratus sum	meinen
tuērī, tueor	betrachten, schützen, (*milit.*) sichern
verērī, vereor, veritus sum	fürchten, sich scheuen; verehren
procul	von fern, weit weg
procul ā *m. Abl.*	fern von

vērō	aber; in der Tat, wirklich
Herc(u)le!	Beim Herkules!

105

sēnsus, sēnsūs *m*	Gefühl, Sinn, Verstand
sūmere, sūmō, sūmpsī, sūmptum	nehmen
cōnsequī, cōnsequor, cōnsecūtus sum *m. Akk.*	erreichen, nachfolgen
loquī, loquor, locūtus sum	reden, sprechen
querī, queror, questus sum (*m. Akk.*)	klagen, sich beklagen über
sequī, sequor, secūtus sum *m. Akk.*	folgen
aggredī, aggredior, aggressus sum	angreifen, herangehen
patī, patior, passus sum	(er)leiden, ertragen, zulassen
experīrī, experior, expertus sum	erfahren, versuchen
mōlīrī, mōlior, mōlītus sum	(an)treiben; planen, unternehmen

| ferē | fast, beinahe; ungefähr |
| velut | wie, wie zum Beispiel |

| causās agere | Prozesse führen |
| sē dare (*m. Dat.*) | sich (jdm. / einer Sache) widmen, sich hingeben |

106

anima	Atem, Leben, Seele
ratiō, ratiōnis *f*	Grund, Vernunft, Überlegung; Art und Weise; Berechnung
spīritus, spīritūs *m*	Atem, Seele; Geist

cōnārī, cōnor, cōnātus sum	versuchen
hortārī, hortor, hortātus sum	auffordern, ermahnen
mīrārī, mīror, mīrātus sum	bewundern, sich wundern
opīnārī, opīnor, opīnatus sum	glauben, meinen
versārī, versor, versātus sum	sich aufhalten, sich befinden, sich beschäftigen
intuērī, intueor	anschauen

colloquī, colloquor, collocūtus sum	sich unterhalten; verhandeln, besprechen
proficīscī, proficīscor, profectus sum	(ab)reisen, aufbrechen
morī, morior, mortuus sum	sterben
orīrī, orior, ortus sum	entstehen, sich erheben

Sōl oritur.	Die Sonne geht auf.
Bellum oritur.	Ein Krieg bricht aus.
nūllā ratiōne	ohne jeden Grund
eādem ratiōne	auf dieselbe Weise
ratiōne agere	mit Vernunft (vernünftig) handeln
in rē pūblicā versārī	politisch tätig sein
verērī, nē *m. Konj.*	fürchten, dass

107

opera	Arbeit, Mühe
contentus, a, um	zufrieden
plērīque, plēraeque, plēraque	die meisten, sehr viele

prīvātus, a, um	persönlich, privat; *Subst.* Privatperson
pūblicus, a, um	öffentlich, staatlich
rēctus, a, um	gerade, recht, richtig
pār, paris	gleich, ebenbürtig

praecipere, praecipiō, praecēpī, praeceptum	(be)lehren, vorschreiben
imitārī, imitor, imitātus sum	nachahmen
nāscī, nāscor, nātus sum	entstehen, geboren werden
persequī, persequor, persecūtus sum	verfolgen; erstreben
ūtī, ūtor, ūsus sum *m. Abl.*	benutzen, gebrauchen
prōgredī, prōgredior, prōgressus sum	vorrücken, weitergehen

ultrō	freiwillig, noch dazu

voluptātem capere ē / ex	Freude haben an
dolō ūtī	eine List anwenden
amīcō ūtī	als Freund haben
antīquō genere nātus	aus einem alten Geschlecht (stammend)
ab invidiā nātus	aus Neid entstanden

108

āctiō, āctiōnis *f*	Tätigkeit; Gerichtsverhandlung; Rede
cor, cordis *n*	Herz
onus, oneris *n*	Last

manifestus, a, um	offenkundig; überführt

agitāre, agitō	betreiben; überlegen
cōnsuēscere, cōnsuēscō, cōnsuēvī, cōnsuētum *m. Inf.*	sich daran gewöhnen
īnstruere, īnstruō, īnstrūxī, īnstrūctum	aufstellen, ausrüsten; unterrichten
remittere, remittō, remīsī, remissum	zurückschicken; nachlassen, vermindern
suscipere, suscipiō, suscēpī, susceptum	auf sich nehmen, sich (einer Sache) annehmen, unternehmen
cōnfitērī, cōnfiteor, cōnfessus sum	(ein)gestehen
vidērī, videor, vīsus sum	scheinen, gelten (als)
ingredī, ingredior, ingressus sum	betreten; beginnen

scīlicet	freilich, natürlich
quantus, a, um	wie groß, wie viel
atque / ac	und, und auch; *im Vergleich:* wie, als
īdem ac / atque	derselbe wie
cordī esse (*m. Dat.*)	(jdm.) am Herzen liegen

109

potentia	Macht
aciēs, aciēī *f*	Schlachtordnung, Schärfe
aetās, aetātis *f*	Lebensalter, Zeit, Zeitalter
nōbilitās, nōbilitātis *f*	Adel, vornehme Abstammung
nepōs, nepōtis *m*	Enkel
ōrdō, ōrdinis *m*	Ordnung, Reihe, Stand
reliquus, a, um	übrig, künftig
īnstituere, īnstituō, īnstituī, īnstitūtum	beginnen, einrichten, unterrichten
ēicere, ēiciō, ēiēcī, ēiectum	hinauswerfen, vertreiben

prōspicere, prōspiciō, prōspexī, prōspectum	achtgeben, dafür sorgen, (vorher)sehen
subicere, subiciō, subiēcī, subiectum	darunter legen; unterwerfen
-ve	oder
ōrdō senātōrum *m*	der Senatorenstand
pater familiās *m*	Hausherr, Familienoberhaupt
rēs familiāris *f*	(Privat-)Vermögen, Besitz
domum *Akk.*	nach Hause (*wohin?*)
neque vērō	aber nicht

110

flamma	Flamme, Feuer
licentia	Freiheit, Willkür
locus (locā, locōrum *n Pl.*)	Ort, Platz, Stelle; Gegend
iūdicium	Gericht, Urteil
libīdō, libīdinis *f* (*m. Gen.*)	Verlangen (nach), Lust, Willkür
nimius, a, um	übermäßig, zu groß
quīcumque, quaecumque, quodcumque	jeder, der; wer auch immer
quisquis, quidquid (quicquid) *subst.*	jeder, der; wer auch immer

ārdēre, ārdeō, ārsī, ārsūrum	brennen
accendere, accendō, accendī, accēnsum	anfeuern, anzünden
admittere, admittō, admīsī, admissum	hinzuziehen, zulassen
interesse, intersum, interfuī (*m. Dat.*)	dazwischen sein; teilnehmen (an)
domī	zu Hause, daheim (*wo?*)
nimis / nimium	(all)zu, (all)zu sehr
quippe	freilich
tametsī	obwohl, wenn auch
īrā accēnsus	zornentbrannt, zornerfüllt
nimium lībertātis	zu viel Freiheit

111

obses, obsidis *m/f*	Geisel
prīnceps, prīncipis *m*	der Erste, der führende Mann, Kaiser
adversus, a, um	entgegengesetzt, feindlich

commodus, a, um	günstig, angenehm, angemessen
inīquus, a, um	ungerecht, ungleich
tollere, tollō, sustulī, sublātum	aufheben, in die Höhe heben, wegnehmen
mālle, mālō, māluī	lieber wollen
modo	eben (noch); nur
rūrsus	wieder
interest (*m. Gen.*)	es ist wichtig (für jdn.)
meā interest	es ist wichtig für mich
rēfert (*m. Gen.*)	es ist wichtig (für jdn.)
meā rēfert	es ist wichtig für mich
libet, libuit	es gefällt; es beliebt
Venus, Veneris *f*	Venus (*die Göttin der Liebe*)

112

avāritia	Geiz, Habsucht
rīpa	Ufer
aequor, aequoris *n*	Ebene, Fläche, Meer
hiems, hiemis *f*	Winter; Unwetter

suspīciō, suspīciōnis *f*	Verdacht, Vermutung
tempestās, tempestātis *f*	Sturm, (schlechtes) Wetter; Zeit
adventus, adventūs *m*	Ankunft
currus, currūs *m*	Wagen
flūctus, flūctūs *m*	Flut, Strömung
quaesere, quaesō	bitten
vehere, vehō, vēxī, vectum	fahren, tragen, ziehen
vehī, vehor, vectus sum	sich fortbewegen, fahren
minus	weniger
prius	früher, zuerst
repente	plötzlich, unerwartet
carrō vehī	mit (auf) dem Wagen fahren

113

collum	Hals
laus, laudis *f*	Lob, Ruhm
sūmptus, sūmptūs *m*	Aufwand, Kosten
amplus, a, um	bedeutend, groß, weit
īgnārus, a, um (*m. Gen.*)	ohne Kenntnis, unwissend
īnfestus, a, um	feindlich, feindselig

		3
alter, altera, alterum (*Gen.* alterīus, *Dat.* alterī)	der eine / der andere (*von zweien*)	
uterque, utraque, utrumque (*Gen.* utrīusque, *Dat.* utrīque)	beide, jeder (*von zweien*)	

		5
impetrāre, impetrō	erreichen, durchsetzen	
repetere, repetō, repetīvī, repetītum	(zurück)verlangen, wiederholen	
īrāscī, īrāscor (*m. Dat.*)	in Zorn geraten, zornig sein (gegen / über)	
fierī, fīō, factus sum	gemacht werden; geschehen, werden	

		7
an (*im indir. Fragesatz*)	ob nicht (*nach Ausdrücken des Nichtwissens und Zweifelns*)	

		10
ob *m. Akk.*	wegen; für; gegen(über)	

		12
quam ob rem	weshalb; deshalb	

114

theātrum	Theater
mercēs, mercēdis *f*	Lohn

caedēs, caedis *f* (*Gen. Pl.* -ium)	Mord, Blutbad
continēre, contineō, continuī, contentum	festhalten, enthalten
dīvidere, dīvidō, dīvīsī, dīvīsum	teilen, trennen
requīrere, requīrō, requīsīvī, requīsītum	aufsuchen, sich erkundigen, verlangen
tendere, tendō, tetendī, tentum	(aus)strecken, spannen, sich anstrengen
excipere, excipiō, excēpī, exceptum	aufnehmen, eine Ausnahme machen
eō	dorthin; deswegen
frūstrā	vergeblich
hinc	von hier, hierauf
sīve / seu	oder, oder wenn
fierī *m. Gen.*	Eigentum (von jdm.) werden

115

crūdēlitās, crūdēlitātis *f*	Grausamkeit
dīrus, a, um	schrecklich, grauenvoll

ēlegāns, ēlegantis	elegant, erlesen, geschmackvoll
locuplēs, locuplētis	reich, wohlhabend
lacerāre, lacerō	zerreißen, zerfetzen
saevīre, saeviō	wüten, rasen
cōram	vor aller Augen, persönlich, öffentlich
cōram *m. Abl.*	in Gegenwart von

116

simulācrum	Bild, Schatten (*eines Toten*)
frūctus, frūctūs *m*	Frucht, Nutzen, Ertrag
imāgō, imāginis *f*	Bild, Abbild
ūniversus, a, um	gesamt; *Pl.* alle zusammen
cōnsuēvisse, cōnsuēvī *Perf.*	gewohnt sein
meminisse, meminī *Perf.*	(*m. Gen. / Akk.*) sich erinnern an; (*m. AcI*) daran denken
no(vi)sse, nōvī *Perf.*	kennen, wissen
ōdisse, ōdī *Perf.*	hassen
sīve ... sīve	sei es (dass) ... sei es (dass)

quippe quī (quippe cum)	da ja
dīgnus, quī *m. Konj.*	würdig, zu …
nēmō est, quī *m. Konj.*	es gibt niemand, der …
sunt, quī *m. Konj.*	es gibt Leute, die …
ūnusquisque nostrum	ein jeder von uns
frūctum capere	Nutzen ziehen

117

celeritās, celeritātis *f*	Schnelligkeit
crēber, crēbra, crēbrum	häufig, zahlreich
perpetuus, a, um	dauerhaft, ewig
fingere, fingō, finxī, fictum	gestalten, sich (etw.) ausdenken
perspicere, perspiciō, perspexī, perspectum	durchschauen, genau betrachten, sehen, erkennen
reperīre, reperiō, repperī, repertum	(wieder)finden
audēre, audeō, ausus sum	wagen
gaudēre, gaudeō, gāvīsus sum	sich freuen

solēre, soleō, solitus sum	gewohnt sein, gewöhnlich etw. tun
cōnfīdere, cōnfīdō, cōnfīsus sum	vertrauen
revertī, revertor, revertī, reversum	zurückkehren

crēbrō	häufig
perpetuō	ununterbrochen
vulgō	allgemein, gewöhnlich

quōmodo	wie? auf welche Weise?

in perpetuum	für immer
cōnfīsus *m. Abl.*	im Vertrauen auf etw.
statuam fingere	eine Statue gestalten (erschaffen)

118

sēdēs, sēdis *f*	Platz, Sitz, Wohnsitz
vās, vāsis *n* (*Pl.* vāsa, vāsōrum)	Gefäß
aestus, aestūs *m*	Hitze, Flut

		2
perfectus, a, um	vollkommen, vollendet	
suprēmus, a, um	der höchste, letzte, oberste	
		3
alter ... alter	der eine ... der andere	
		5
abdūcere, abdūcō, abdūxī, abductum	wegführen	
cōnsūmere, cōnsūmō, cōnsūmpsī, cōnsūmptum	verbrauchen, verwenden	
ēgredī, ēgredior, ēgressus sum	hinausgehen, verlassen	
		6
adeō	so sehr	
prōrsus	überhaupt, völlig	
		12
modum ēgredī	das Maß überschreiten	

119

		1
parēns, parentis *m/f*	Vater, Mutter; *Pl.* Eltern	
		2
prīstinus, a, um	früher	
superior, superius (*Gen.* **superiōris**)	der frühere, der weiter oben gelegene	

succēdere, succēdō, successī, successum	(nach)folgen, nachrücken	5
nītī, nītor, nīxus sum	(*m. Abl.*) sich stützen auf; (**ad** / **in** *m. Akk.*) streben (nach)	

multō	(um) viel	6
plērumque	meistens	
praesertim (cum)	besonders (da / weil)	9

multō magis	(um) viel mehr	12
neque tamen	freilich nicht, jedoch nicht	
quantō ... tantō (*m. Kompar.*)	je ... desto	

Aristotelēs, Aristotelis *m*	*Aristoteles (griech. Philosoph, 384–322 v. Chr., Schüler Platons)*	13
Platō, Platōnis *m*	*Plato (griech. Philosoph, 427–348 v. Chr., Schüler des Sokrates)*	

Übergangslektüre **T1**

nauta *m*	Seemann
iugum	Berg, Bergrücken; Joch
flūmen, flūminis *n*	Fluss
foedus, foederis *n*	Bündnis, Vertrag
mēnsis, mēnsis *m*	Monat
avis, avis *f* (*Gen. Pl.* -ium)	Vogel

āter, ātra, ātrum	schwarz, düster
vāstus, a, um	riesig; öde, verwüstet

mandāre, mandō	einen Auftrag geben, übergeben
praedicāre, praedicō	behaupten
adiungere, adiungō, adiūnxī, adiūnctum	hinzufügen, anschließen
dēdere, dēdō, dēdidī, dēditum	ausliefern, übergeben

propius	näher

parvī dūcere	geringschätzen, gering achten
sibi adiungere *m. Akk.*	jdn. für sich gewinnen

Columbus	Christoph Kolumbus (*1451–1506, Entdecker Amerikas*)
Hispānia	Spanien
Ōceanus	Ozean, Weltmeer

Übergangslektüre **T2**

nauta *m*	Seemann
vulgus, vulgī *n*	die Leute (aus dem Volk), die große Masse, Pöbel
bonum	das Gut, das Gute
classis, classis *f* (*Gen. Pl.* -ium)	Flotte, Abteilung
anus, anūs *f*	alte Frau
nūdus, a, um	nackt
supplex, supplicis	demütig bittend
oppūgnāre, oppūgnō	angreifen
cingere, cingō, cinxī, cinctum	umgeben, umzingeln
dēmittere, dēmittō, dēmīsī, dēmissum	hinabschicken, sinken lassen
īnsequī, īnsequor, īnsecūtus sum (*m. Akk.*)	unmittelbar folgen, verfolgen

circumvenīre, circumveniō, circumvēnī, circumventum	umringen, umzingeln
quōcumque *Adv.*	wohin auch immer
quārē	weshalb, wodurch; *relativer Satzanschluss:* deshalb
sē dēdere	sich ergeben
animum dēmittere	den Mut sinken lassen
oculōs dēmittere	die Augen (den Blick) senken

Übergangslektüre T3

imperium	Befehl, Herrschaft, Reich; Befehlsgewalt
classis, classis *f* (*Gen. Pl.* -ium)	Flotte, Abteilung
sinus, sinūs *m*	Krümmung, Brust, Bucht, Tasche
āter, ātra, ātrum	schwarz, düster
nūdus, a, um	nackt
praeceps, praecipitis	steil; schnell, überstürzt

īgnōrāre, īgnōrō	nicht kennen, nicht wissen	5
īnsequī, īnsequor, īnsecūtus sum (*m. Akk.*)	unmittelbar folgen, verfolgen	
namque	denn, nämlich	8
nōn īgnōrāre	gut kennen, genau wissen	12

Übergangslektüre **T4**

nauta *m*	Seemann	1
rēgīna	Königin	
morbus	Krankheit	
bonum	das Gut, das Gute	
malum	Leid, Übel, Unglück	
nūdus, a, um	nackt	2
gravis, e	schwer; bedeutend, angesehen	
sinister, sinistra, sinistrum	links; trügerisch, falsch	
quisquam, quicquam	irgendjemand	3
oppūgnāre, oppūgnō	angreifen	5
spoliāre, spoliō (*m. Abl.*)	berauben (einer Sache), plündern	

condūcere, condūcō, condūxī, conductum	zusammenführen, anwerben, mieten	
prōdūcere, prōdūcō, prōdūxī, prōductum	(vor)führen, hervorbringen	
prōpōnere, prōpōnō, prōposuī, prōpositum	darlegen, in Aussicht stellen	6
paulum	ein wenig	
sānē	allerdings, gewiss; meinetwegen	7
quārē	weshalb, wodurch; *relativer Satzanschluss:* deshalb	12
mīlitēs condūcere	Soldaten anwerben	
neque quisquam	(und) niemand	
vix quisquam	kaum jemand	13
Columbus	Christoph Kolumbus (*1451–1506, Entdecker Amerikas*)	
Hispānia	Spanien	

Übergangslektüre **T5**

aura	Gunst; Luft, Luftzug
bonum	das Gut, das Gute
lūmen, lūminis *n*	Licht; Auge
exter, extera, exterum	ausländisch
mātūrus, a, um	reif, (früh)zeitig
rārus, a, um	selten, vereinzelt
quīre, queō, quīvī (quiī)	können
forās	heraus, hinaus (*wohin?*)
quā	wie, wo, wohin
vel … vel	entweder … oder
simul *m. Ind.*	sobald

Übergangslektüre **T6**

color, colōris *m*	Farbe, Färbung
cōnsuētūdō, cōnsuētūdinis *f*	Gewohnheit
hospes, hospitis *m*	Fremder, Gast, Gastgeber
nūdus, a, um	nackt

propinquus, a, um	nahe; *Subst.* Verwandter
ūllus, a, um (*Gen.* ūllīus, *Dat.* ūllī)	irgendeiner
īgnōrāre, īgnōrō	nicht kennen, nicht wissen
nāvigāre, nāvigō	mit dem Schiff fahren, segeln
coniungere, coniungō, coniūnxī, coniūnctum	verbinden, vereinigen
excēdere, excēdō, excessī, excessum	hinausgehen, weggehen
sīcut	(so) wie
vērum	aber, sondern
secundum *m. Akk.*	entlang; entsprechend
nōn īgnōrāre	gut kennen, genau wissen

Übergangslektüre T7

inopia	Mangel, Not
nātus / nāta	Sohn / Tochter
famēs, famis *f*	Hunger
angustus, a, um	eng, schwierig
inimīcus, a, um	feindlich; *Subst.* Feind
similis, e (*m. Gen. / Dat.*)	ähnlich

		4
trēcentī, ae, a	dreihundert	
		5
īgnōrāre, īgnōrō	nicht kennen, nicht wissen	
ēmittere, ēmittō, ēmīsī, ēmissum	entsenden, freilassen	
indūcere, indūcō, indūxī, inductum	(hin)einführen, verleiten	
adicere, adiciō, adiēcī, adiectum	hinzufügen	
ēripere, ēripiō, ēripuī, ēreptum	entreißen	
		10
secundum *m. Akk.*	entlang; entsprechend	
		12
nōn īgnōrāre	gut kennen, genau wissen	
vērī similis	wahrscheinlich	

Stammformen wichtiger Verben

Die folgende Liste enthält diejenigen Verben mit „unregelmäßiger" Perfektbildung, zu denen in Campus Perfekt- (und PPP-) Formen vorkommen.

Die aktiven Verben sind nach ihrer Zugehörigkeit zu den verschiedenen Konjugationsklassen aufgeführt, dann folgen die Deponentien und andere „schwierige" Verben.

Innerhalb der Konjugationsklassen sind die Verben nach der Art ihrer Perfektbildung (also v-, u-, s-Perfekt usw.) zusammengestellt, und zwar in alphabetischer Reihenfolge; Komposita stehen unmittelbar beim jeweiligen Verbum simplex (z. B. **promittere** bei **mittere**).

Durch diese Anordnung fallen euch gleich bzw. ähnlich gebildete Stammformen stärker ins Auge und ihr könnt sie euch besser einprägen.

Nicht aufgeführt sind die als „regelmäßig" geltenden Verben der ā- und ī-Konjugation mit v-Perfekt sowie der ē-Konjugation mit u-Perfekt (und PPP auf –itum), z. B.:

vocāre   vocō, vocāvī, vocātum
rufen, nennen

audīre   audiō, audīvī, audītum
hören

monēre   moneō, monuī, monitum
(er)mahnen

Verben der ā-Konjugation

u-Perfekt

vetāre vetō, vetuī, vetitum
(*m. Akk.*) verbieten

Dehnungsperfekt

iuvāre iuvō, iūvī
m. Akk. unterstützen, helfen;
erfreuen

Reduplikationsperfekt

dare — dō, dedī, datum
geben

  circumdare — circumdō, circumdedī
umgeben

stāre — stō, stetī
stehen

  cōnstāre — cōnstō, cōnstitī
ex m. Abl. bestehen (aus)

  īnstāre — īnstō, īnstitī
bevorstehen, hart zusetzen

  obstāre — obstō, obstitī
m. Dat. hinderlich sein, im Wege stehen, Widerstand leisten

  praestāre — praestō, praestitī
m. Akk. gewähren, leisten, zeigen
m. Dat. übertreffen

  restāre — restō, restitī
übrig bleiben; Widerstand leisten

Verben der ē-Konjugation

complēre	compleō, complēvī, complētum anfüllen, auffüllen
dēlēre	dēleō, dēlēvī, dēlētum zerstören, vernichten
flēre	fleō, flēvī, flētum weinen, beweinen

u-Perfekt

cēnsēre	cēnseō, cēnsuī, cēnsum (*m. Akk.*) meinen, einschätzen; seine Stimme abgeben (für)
docēre	doceō, docuī, doctum lehren, unterrichten
miscēre	misceō, miscuī, mixtum mischen, verwirren, durcheinander bringen
tenēre	teneō, tenuī halten, festhalten, besitzen
continēre	contineō, continuī festhalten, enthalten
obtinēre	obtineō (in Besitz) haben, (besetzt) halten
pertinēre	pertineō, pertinuī ad *m. Akk.* betreffen, gehören (zu), sich erstrecken (bis)

retinēre	retineō, retinuī, retentum
	behalten, festhalten, zurückhalten
sustinēre	sustineō, sustinuī
	ertragen, standhalten

s-Perfekt

ārdēre	ārdeō, ārsī, arsūrum
	brennen
augēre	augeō, auxī, auctum
	vergrößern, vermehren
haerēre	haereō, haesī
	hängen, stecken bleiben
iubēre	iubeō, iussī, iussum
	(*m. Akk.*) anordnen, befehlen
manēre	maneō, mānsī
	(*m. Akk.*) bleiben, (er)warten
remanēre	remaneō, remānsī
	(zurück)bleiben
rīdēre	rīdeō, rīsī, rīsum
	lachen, auslachen
suādēre	suādeō, suāsī, suāsum
	raten, empfehlen
persuādēre	persuādeō, persuāsī, persuāsum
	(*m. Dat.*) überreden, überzeugen (*mit AcI*)
torquēre	torqueō, torsī, tortum
	drehen; quälen

Dehnungsperfekt

cavēre	caveō, cāvī, cautum (*m. Akk.*) sich hüten (vor), Vorsorge treffen
favēre	faveō, fāvī, fautum (*m. Dat.*) bevorzugen, begünstigen, gewogen sein
movēre	moveō, mōvī, mōtum bewegen, beeindrucken
commovēre	commoveō, commōvī, commōtum bewegen, veranlassen
permovēre	permoveō, permōvī, permōtum beunruhigen, veranlassen
sedēre	sedeō, sēdī, sessum sitzen
possidēre	possideō, possēdī, possessum besitzen
vidēre	videō, vīdī, vīsum sehen
prōvidēre	prōvideō, prōvīdī, prōvīsum *m. Akk.* vorhersehen *m. Dat.* sorgen für

Reduplikationsperfekt

respondēre	respondeō, respondī, respōnsum antworten

Verben der ī-Konjugation

u-Perfekt

aperīre — aperiō, aperuī, apertum
aufdecken, öffnen

s-Perfekt

sentīre — sentiō, sēnsī, sēnsum
fühlen, meinen, wahrnehmen

Dehnungsperfekt

venīre — veniō, vēnī, ventum
kommen

- circumvenīre — circumveniō, circumvēnī, circumventum
  umringen, umzingeln

- convenīre — conveniō, convēnī, conventum
  zusammenkommen, zusammenpassen, besuchen

- ēvenīre — ēveniō, ēvēnī, ēventum
  sich ereignen

- invenīre — inveniō, invēnī, inventum
  finden, erfinden

- pervenīre — perveniō, pervēnī, perventum
  ad / in *m. Akk.* kommen zu / nach

Reduplikationsperfekt

comperīre — comperiō, comperī, compertum
(genau) erfahren

- reperīre — reperiō, repperī, repertum
  (wieder)finden

Verben der konsonantischen Konjugation

arcessere	arcessō, arcessīvī, arcessītum herbeirufen, holen
cernere	cernō sehen, bemerken
dēcernere	dēcernō, dēcrēvī, dēcrētum beschließen, entscheiden
cōnsuēscere	cōnsuēscō, cōnsuēvī, cōnsuētum *m. Inf.* sich daran gewöhnen *Perf.* gewohnt sein
crēscere	crēscō, crēvī wachsen
lacessere	lacessō, lacessīvī, lacessītum herausfordern, reizen
nōscere	nōscō, nōvī, nōtum erkennen, kennenlernen *Perf.* kennen, wissen
cognōscere	cognōscō, cognōvī, cognitum erkennen, kennenlernen *Perf.* kennen, wissen
īgnōscere	īgnōscō, īgnōvī, īgnōtum verzeihen
petere	petō, petīvī, petītum aufsuchen, (er)streben, bitten, verlangen
appetere	appetō, appetīvī, appetītum erstreben, haben wollen; angreifen

repetere	repetō, repetīvī, repetītum (zurück)verlangen, wiederholen
quaerere	quaerō, quaesīvī, quaesītum erwerben wollen, suchen ex / dē *m. Abl.* jdn. fragen
requīrere	requīrō, requīsīvī, requīsītum aufsuchen, sich erkundigen, verlangen
quiēscere	quiēscō, quiēvī, quiētum (aus)ruhen; schlafen
sinere	sinō, sīvī, situm (zu)lassen, erlauben
dēsinere	dēsinō, dēsiī, dēsitum aufhören

u-Perfekt

alere	alō, aluī, altum ernähren, großziehen
colere	colō, coluī, cultum bewirtschaften, pflegen; verehren
cōnsulere	cōnsulō, cōnsuluī, cōnsultum *m. Akk.* um Rat fragen *m. Dat.* sorgen für in *m. Akk.* vorgehen gegen
dēserere	dēserō, dēseruī, dēsertum im Stich lassen, verlassen
pōnere	pōnō, posuī, positum (auf)stellen, (hin)legen, setzen
compōnere	compōnō, composuī, compositum abfassen, ordnen, schlichten; vergleichen

dēpōnere	dēpōnō, dēposuī, dēpositum niederlegen, aufgeben
impōnere	impōnō, imposuī, impositum auferlegen, einsetzen
prōpōnere	prōpōnō, prōposuī, prōpositum darlegen, in Aussicht stellen

s-Perfekt

carpere	carpō, carpsī, carptum pflücken, genießen; nutzen
cēdere	cēdō, cessī, cessum gehen, nachgeben, weichen
accēdere	accēdō, accessī, accessum (ad *m. Akk.*) herbeikommen, hinzukommen
concēdere	concēdō, concessī, concessum erlauben, nachgeben, zugestehen
discēdere	discēdō, discessī, discessum auseinandergehen, weggehen
excēdere	excēdō, excessī, excessum hinausgehen, weggehen
incēdere	incēdō, incessī, incessum (*m. Akk.*) heranrücken, eintreten; (jdn.) befallen
prōcēdere	prōcēdō, prōcessī, prōcessum (vorwärts)gehen, vorrücken
succēdere	succēdō, successī, successum (nach)folgen, nachrücken

cingere	cingō, cinxī, cinctum umgeben, umzingeln
claudere	claudō, clausī, clausum schließen, abschließen, einschließen
inclūdere	inclūdō, inclūsī, inclūsum einschließen
cōnflīgere	cōnflīgō, cōnflīxī, cōnflīctum herausfordern, reizen
contemnere	contemnō, contempsī, contemptum verachten, nicht beachten
dīcere	dīcō, dīxī, dictum sagen, sprechen *m. dopp. Akk.* nennen, bezeichnen (als)
dīvidere	dīvidō, dīvīsī, dīvīsum teilen, trennen
dūcere	dūcō, dūxī, ductum führen, ziehen *m. dopp. Akk.* halten für
abdūcere	abdūcō, abdūxī, abductum wegführen
addūcere	addūcō, addūxī, adductum heranführen, veranlassen
condūcere	condūcō, condūxī, conductum zusammenführen; anwerben, mieten
dēdūcere	dēdūcō, dēdūxī, dēductum wegführen, hinführen
ēdūcere	ēdūcō, ēdūxī, ēductum herausführen

indūcere	indūcō, indūxī, inductum	
	(hin)einführen, verleiten	
prōdūcere	prōdūcō, prōdūxī, prōductum	
	(vor)führen, hervorbringen	
redūcere	redūcō, redūxī, reductum	
	zurückführen, zurückziehen	
exstinguere	exstinguō, exstīnxī, exstīnctum	
	auslöschen, vernichten	
fingere	fingō, fīnxī, fictum	
	gestalten, sich (etw.) ausdenken	
flectere	flectō, flexī, flexum	
	biegen, (hin)lenken, umstimmen	
gerere	gerō, gessī, gestum	
	ausführen, führen, tragen	
īnstruere	īnstruō, īnstrūxī, īnstrūctum	
	aufstellen, ausrüsten; unterrichten	
invādere	invādō, invāsī, invāsum	
	eindringen, sich verbreiten, befallen	
iungere	iungō, iūnxī, iūnctum	
	verbinden, vereinigen	
adiungere	adiungō, adiūnxī, adiūnctum	
	hinzufügen, anschließen	
coniungere	coniungō, coniūnxī, coniūnctum	
	verbinden, vereinigen	
laedere	laedō, laesī, laesum	
	beschädigen, verletzen, beleidigen	

[legere]

dīligere	dīligō, dīlēxī, dīlēctum hochachten, lieben
intellegere	intellegō, intellēxī, intellēctum (be)merken, verstehen
neglegere	neglegō, neglēxī, neglēctum nicht (be)achten, vernachlässigen
mittere	mittō, mīsī, missum (los)lassen, schicken, werfen
admittere	admittō, admīsī, admissum hinzuziehen, zulassen
āmittere	āmittō, āmīsī, āmissum aufgeben, verlieren
committere	committō, commīsī, commissum anvertrauen; veranstalten, zustande bringen
dēmittere	dēmittō, dēmīsī, dēmissum hinabschicken, sinken lassen
dīmittere	dīmittō, dīmīsī, dīmissum aufgeben, entlassen
ēmittere	ēmittō, ēmīsī, ēmissum entsenden, freilassen
omittere	omittō, omīsī, omissum aufgeben, beiseite lassen
permittere	permittō, permīsī, permissum erlauben, überlassen
prōmittere	prōmittō, prōmīsī, prōmissum versprechen

remittere	remittō, remīsī, remissum zurückschicken; nachlassen, vermindern
nūbere	nūbō, nūpsī, nūptum *m. Dat.* heiraten
premere	premō, pressī, pressum (unter)drücken, bedrängen
opprimere	opprimō, oppressī, oppressum bedrohen, niederwerfen, unterdrücken
regere	regō, rēxī, rēctum beherrschen, leiten, lenken
pergere	pergō, perrēxī aufbrechen; weitermachen
surgere	surgō, surrēxī aufrichten; sich erheben, aufstehen
scrībere	scrībō, scrīpsī, scrīptum schreiben, beschreiben
cōnscrībere	cōnscrībō, cōnscrīpsī, cōnscrīptum aufschreiben, verfassen
sūmere	sūmō, sūmpsī, sūmptum nehmen
cōnsūmere	cōnsūmō, cōnsūmpsī, cōnsūmptum verbrauchen, verwenden
tegere	tegō, tēxī, tēctum bedecken, schützen, verbergen
trahere	trahō, trāxī, tractum ziehen, schleppen

ūrere	ūrō, ussī, ustum (ver)brennen, ausdörren, austrocknen
vehere	vehō, vēxī, vectum fahren, tragen, ziehen
vīvere	vīvō, vīxī leben

Dehnungsperfekt

agere	agō, ēgī, āctum handeln, treiben, verhandeln
cōgere	cōgō, coēgī, coāctum (ver)sammeln, zwingen
exigere	exigō, exēgī, exāctum (ein)fordern, vollenden
subigere	subigō, subēgī, subāctum unterwerfen, (be)zwingen
cōnsīdere	cōnsīdō, cōnsēdī, cōnsessum sich setzen, sich niederlassen
emere	emō, ēmī, ēmptum kaufen
frangere	frangō, frēgī, frāctum zerbrechen
fundere	fundō, fūdī, fūsum (aus)gießen, zerstreuen
effundere	effundō, effūdī, effūsum ausgießen, vergießen
īnfundere	īnfundō, īnfūdī, īnfūsum hineingießen, darübergießen, verbreiten (über)

legere	legō, lēgī, lēctum lesen; auswählen
colligere	colligō, collēgī, collēctum sammeln
dēligere	dēligō, dēlēgī, dēlēctum (aus)wählen
relinquere	relinquō, relīquī, relictum verlassen, zurücklassen
rumpere	rumpō, rūpī, ruptum zerbrechen
corrumpere	corrumpō, corrūpī, corruptum bestechen, verderben
vincere	vincō, vīcī, victum (be)siegen, übertreffen

Reduplikationsperfekt

cadere	cadō, cecidī fallen
accidere	accidō, accidī in *m. Akk.* treffen (auf); hinzukommen
incidere	incidō, incidī geschehen, sich ereignen
occidere	occidō, occidī (zu Boden) fallen, umkommen, untergehen
caedere	caedō, cecīdī, caesum fällen, töten
occīdere	occīdō, occīdī, occīsum niederschlagen, töten

canere	canō, cecinī	
	singen, (ver)künden	
currere	currō, cucurrī, cursum	
	laufen, eilen	
occurrere	occurrō, occurrī	
	begegnen, entgegentreten	
[dare]		
addere	addō, addidī, additum	
	hinzufügen	
condere	condō, condidī, conditum	
	verwahren, verbergen; erbauen, gründen	
crēdere	crēdō, crēdidī, crēditum	
	glauben, anvertrauen	
dēdere	dēdō, dēdidī, dēditum	
	ausliefern, übergeben	
ēdere	ēdō, ēdidī, ēditum	
	herausgeben, bekanntmachen, veranstalten	
perdere	perdō, perdidī, perditum	
	verlieren, verschwenden, zugrunde richten	
prōdere	prōdō, prōdidī, prōditum	
	verraten, überliefern	
reddere	reddō, reddidī, redditum	
	zurückgeben, etw. zukommen lassen	
	m. dopp. Akk. jdn. zu etw. machen	
trādere	trādō, trādidī, trāditum	
	übergeben, überliefern	
vēndere	vēndō, vēndidī, vēnditum	
	verkaufen	

discere	discō, didicī	
	lernen, erfahren	
fallere	fallō, fefellī	
	täuschen, betrügen	
parcere	parcō, pepercī	
	m. Dat. schonen, verschonen	
pellere	pellō, pepulī, pulsum	
	stoßen, schlagen, (ver)treiben	
expellere	expellō, expulī, expulsum	
	vertreiben, verbannen	
impellere	impellō, impulī, impulsum	
	antreiben, veranlassen	
repellere	repellō, reppulī, repulsum	
	zurückstoßen, abweisen, vertreiben	
pōscere	pōscō, popōscī	
	fordern, verlangen	
[sistere]		
cōnsistere	cōnsistō, cōnstitī	
	stehen bleiben, haltmachen, sich aufstellen	
dēsistere	dēsistō, dēstitī	
	m. Abl. aufhören (mit)	
resistere	resistō, restitī	
	stehen bleiben; Widerstand leisten	
tangere	tangō, tetigī, tāctum	
	berühren	
attingere	attingō, attigī, attāctum	
	berühren	

contingere	contingō, contigī, contāctum berühren; gelingen
tendere	tendō, tetendī, tentum (aus)strecken, spannen, sich anstrengen
contendere	contendō, contendī sich anstrengen, kämpfen; eilen; behaupten
ostendere	ostendō, ostendī zeigen, erklären
tollere	tollō, sustulī, sublātum aufheben, in die Höhe heben, wegnehmen

Perfekt ohne Stammveränderung

bibere	bibō, bibī trinken
[candēre]	
accendere	accendō, accendī, accēnsum anfeuern, anzünden
incendere	incendō, incendī, incēnsum entflammen, in Brand stecken
dēfendere	dēfendō, dēfendī, dēfēnsum (ā *m. Abl.*) abwehren, verteidigen (vor / gegen)
metuere	metuō, metuī (sich) fürchten
prehendere	prehendō, prehendī, prehēnsum ergreifen, nehmen
comprehendere	comprehendō, comprehendī, comprehēnsum begreifen, ergreifen, festnehmen

reprehendere	reprehendō, reprehendī, reprehēnsum schimpfen, kritisieren
ruere	ruō, ruī, ruitūrus stürzen, eilen, stürmen
[scandere]	
ascendere	ascendō, ascendī besteigen, hinaufsteigen (zu)
dēscendere	dēscendō, dēscendī herabsteigen
solvere	solvō, solvī, solūtum lösen, auflösen; bezahlen
statuere	statuō, statuī, statūtum aufstellen, beschließen, festsetzen
cōnstituere	cōnstituō, cōnstituī, cōnstitūtum festsetzen, beschließen
instituere	instituō, instituī, institūtum beginnen, einrichten, unterrichten
restituere	restituō, restituī, restitūtum wiederherstellen
tribuere	tribuō, tribuī, tribūtum schenken, zuteilen
distribuere	distribuō, distribuī, distribūtum einteilen, verteilen
vertere	vertō, vertī, versum drehen, wenden

animadvertere	animadvertō, animadvertī, animadversum (*m. AcI / Akk.*) bemerken in *m. Akk.* vorgehen (gegen)
āvertere	āvertō, āvertī, āversum abwenden, vertreiben
convertere	convertō, convertī, conversum verändern, (um)wenden
vīsere	vīsō, vīsī, vīsum besichtigen, besuchen
volvere	volvō, volvī, volūtum rollen, wälzen; überlegen

Verben der konsonantischen Konjugation (mit i-Erweiterung)

v-Perfekt

cupere	cupiō, cupīvī, cupītum wünschen, verlangen
sapere	sapiō, sapīvī Verstand haben, Geschmack haben

u-Perfekt

rapere	rapiō, rapuī, raptum wegführen, rauben, wegreißen
corripere	corripiō, corripuī, correptum ergreifen, gewaltsam an sich reißen
ēripere	ēripiō, ēripuī, ēreptum entreißen

s-Perfekt

aspicere	aspiciō, aspexī, aspectum erblicken, ansehen
cōnspicere	cōnspiciō, cōnspexī, cōnspectum erblicken
perspicere	perspiciō, perspexī, perspectum durchschauen, genau betrachten, sehen, erkennen
prōspicere	prōspiciō, prōspexī, prōspectum achtgeben, dafür sorgen, (vorher)sehen
respicere	respiciō, respexī, respectum zurückblicken; berücksichtigen

Dehnungsperfekt

capere	capiō, cēpī, captum fassen, nehmen; erobern
accipere	accipiō, accēpī, acceptum erhalten, erfahren, annehmen
excipere	excipiō, excēpī, exceptum aufnehmen, eine Ausnahme machen
incipere	incipiō, coepī (incēpī), inceptum anfangen, beginnen
praecipere	praecipiō, praecēpī, praeceptum (be)lehren, vorschreiben
recipere	recipiō, recēpī, receptum zurücknehmen, aufnehmen, wiederbekommen
suscipere	suscipiō, suscēpī, susceptum auf sich nehmen, sich (einer Sache) annehmen, unternehmen
facere	faciō, fēcī, factum machen, tun, handeln *m. dopp. Akk.* jdn. zu etw. machen
afficere	afficiō, affēcī, affectum *m. Abl.* versehen mit etw.
cōnficere	cōnficiō, cōnfēcī, cōnfectum fertig machen, beenden
dēficere	dēficiō, dēfēcī, dēfectum (ā *m. Abl.*) abnehmen, ermatten, abfallen (von)

efficere	efficiō, effēcī, effectum bewirken, herstellen
interficere	interficiō, interfēcī, interfectum töten, vernichten
patefacere	patefaciō, patefēcī, patefactum aufdecken, öffnen
perficere	perficiō, perfēcī, perfectum erreichen, fertig stellen, vollenden
fugere	fugiō, fūgī (*m. Akk.*) fliehen (vor), meiden
effugere	effugiō, effūgī (*m. Akk.*) entfliehen, entkommen
[iacere]	
adicere	adiciō, adiēcī, adiectum hinzufügen
conicere	coniciō, coniēcī, coniectum (zusammen)werfen, folgern, vermuten
ēicere	ēiciō, ēiēcī, ēiectum hinauswerfen, vertreiben
inicere	iniciō, iniēcī, iniectum hineinwerfen, einflößen; anlegen, anziehen
obicere	obiciō, obiēcī, obiectum darbieten, vorwerfen
subicere	subiciō, subiēcī, subiectum darunter legen; unterwerfen

Reduplikationsperfekt

parere	pariō, peperī, partum zur Welt bringen, gebären; schaffen

Deponentien

Deponentien der ā-Konjugation

arbitrārī	arbitror, arbitrātus sum glauben, meinen
cōnārī	cōnor, cōnātus sum versuchen
hortārī	hortor, hortātus sum auffordern, ermahnen
imitārī	imitor, imitātus sum nachahmen
mīrārī	mīror, mīrātus sum bewundern, sich wundern
morārī	moror, morātus sum (sich) aufhalten
opīnārī	opīnor, opīnātus sum glauben, meinen
precārī	precor, precātus sum bitten
suspicārī	suspicor, suspicātus sum vermuten
versārī	versor, versātus sum sich aufhalten, sich befinden, sich beschäftigen

Deponentien der ē-Konjugation

fatērī	fateor, fassus sum bekennen, gestehen
cōnfitērī	cōnfiteor, cōnfessus sum (ein)gestehen
pollicērī	polliceor, pollicitus sum versprechen
rērī	reor, ratus sum meinen
tuērī	tueor betrachten, schützen, (*milit.*) sichern
intuērī	intueor anschauen
verērī	vereor, veritus sum fürchten, sich scheuen; verehren
vidērī	videor, vīsus sum scheinen, gelten (als)

Deponentien der ī-Konjugation

experīrī	experior, expertus sum erfahren, versuchen
mōlīrī	mōlior, mōlītus sum (an)treiben; planen, unternehmen
orīrī	orior, ortus sum entstehen, sich erheben

Deponentien der konsonantischen Konjugation

īrāscī	īrāscor, īrātus sum (*m. Dat.*) in Zorn geraten, zornig sein (gegen / über)
loquī	loquor, locūtus sum reden, sprechen
colloquī	colloquor, collocūtus sum sich unterhalten; verhandeln, besprechen
nāscī	nāscor, nātus sum entstehen, geboren werden
nītī	nītor, nīxus sum (*m. Abl.*) sich stützen (auf) (ad / in *m. Akk.*) streben (nach)
proficīscī	proficīscor, profectus sum (ab)reisen, aufbrechen
querī	queror, questus sum (*m. Akk.*) klagen, sich beklagen (über)
sequī	sequor, secūtus sum *m. Akk.* folgen
cōnsequī	cōnsequor, cōnsecūtus sum *m. Akk.* erreichen, nachfolgen
īnsequī	īnsequor, īnsecūtus sum *m. Akk.* unmittelbar folgen, verfolgen
persequī	persequor, persecūtus sum *m. Akk.* verfolgen; erstreben

ūtī	ūtor, ūsus sum *m. Abl.* benutzen, gebrauchen
vehī	vehor, vectus sum *m. Abl.* sich fortbewegen, fahren

Deponentien der konsonantischen Konjugation (mit i-Erweiterung)

[gradī]	
aggredī	aggredior, aggressus sum angreifen, herangehen
ēgredī	ēgredior, ēgressus sum hinausgehen, verlassen
ingredī	ingredior, ingressus sum betreten; beginnen
prōgredī	prōgredior, prōgressus sum vorrücken, weitergehen
morī	morior, mortuus sum sterben
patī	patior, passus sum (er)leiden, ertragen, zulassen

Semideponentien

audēre	audeō, ausus sum wagen
cōnfīdere	cōnfīdō, cōnfīsus sum vertrauen
gaudēre	gaudeō, gāvīsus sum *(m. Abl.)* sich freuen (über)
revertī	revertor, revertī, reversum zurückkehren
solēre	soleō, solitus sum *(m. Inf.)* gewohnt sein, gewöhnlich etw. tun

Perfektopräsentien

cōnsuēvisse	cōnsuēvī *Perf.* gewohnt sein *(m. Inf.)*
meminisse	meminī *Perf.* sich erinnern an *(m. Gen. /Akk.)*; daran denken *(m. AcI)*
nō(vi)sse	nōvī *Perf.* kennen, wissen
cognōvisse	cognōvī *Perf.* kennen, wissen
ōdisse	ōdī *Perf.* hassen

Andere Verben

esse	sum, fuī, futūrus (fore) sein, sich befinden
abesse	absum, āfuī (ā *m. Abl.*) entfernt sein, abwesend sein, fehlen
adesse	adsum, adfuī da sein; helfen
dēesse	dēsum, dēfuī abwesend sein, fehlen
inesse	īnsum, īnfuī darin sein
interesse	intersum, interfuī (*m. Dat.*) dazwischen sein, teilnehmen (an)
posse	possum, potuī können
praeesse	praesum, praefuī *m. Dat.* leiten, an der Spitze stehen
prōdesse	prōsum, prōfuī nützen
superesse	supersum, superfuī überleben, übrig sein

ferre	ferō, tulī, lātum	
	bringen, tragen; ertragen	
afferre	afferō, attulī, allātum	
	bringen, herbeibringen, mitbringen; melden	
auferre	auferō, abstulī, ablātum	
	wegbringen, rauben	
cōnferre	cōnferō, contulī, collātum	
	vergleichen, zusammentragen	
dēferre	dēferō, dētulī, dēlātum	
	hinbringen, melden, übertragen	
differre	differō, distulī, dīlātum	
	(ā *m. Abl.*) aufschieben; sich unterscheiden (von)	
efferre	efferō, extulī, ēlātum	
	herausheben, hervorbringen	
īnferre	īnferō, intulī, illātum	
	hineintragen, zufügen	
offerre	offerō, obtulī, oblātum	
	anbieten, entgegenbringen	
perferre	perferō, pertulī, perlātum	
	(über)bringen, ertragen	
praeferre	praeferō, praetulī, praelātum	
	vorziehen	
prōferre	prōferō, prōtulī, prōlātum	
	(hervor)holen, zur Sprache bringen	
referre	referō, rettulī, relātum	
	(zurück)bringen, berichten	

īre	eō, iī, itum	
	gehen	
abīre	abeō, abiī, abitum	
	weggehen	
adīre	adeō, adiī, aditum	
	(*m. Akk.*) herantreten (an), bitten, aufsuchen	
exīre	exeō, exiī, exitum	
	herausgehen, hinausgehen; enden	
inīre	ineō, iniī, initum	
	hineingehen (in); beginnen	
nequīre	nequeō, nequī(v)ī	
	nicht können	
perīre	pereō, periī, peritum	
	umkommen, zugrunde gehen	
praeterīre	praetereō, praeteriī, praeteritum	
	übergehen, vorbeigehen (an)	
quīre	queō, quīvī (quiī)	
	können	
redīre	redeō, rediī, reditum	
	zurückgehen, zurückkehren	
subīre	subeō, subiī, subitum	
	auf sich nehmen, herangehen	
trānsīre	trānseō, trānsiī, tānsitum	
	durchqueren, hinübergehen, überschreiten	

velle	volō, voluī
	wollen
mālle	mālō, māluī
	lieber wollen
nōlle	nōlō, nōluī
	nicht wollen
fierī	fīō, factus sum
	gemacht werden; geschehen, werden